MONKEY

ヘタでいい
ヘタがいい

illustration by Kuroda Seitaro

猿のあいさつ

「絵と言葉はもっと仲よくしていいんじゃないか」と強く思ったのは、今号にも登場してもらっているきたむらさとしさんと一緒に『アイスクリームの皇帝』（河出書房新社）という本を作ったときです。

僕が短い英詩、もしくは詩のように読める英語の散文を選んで左ページに掲載し、右ページに僕の翻訳を載せて、その二ページをまるまる使ってきたむらさんに絵を描いてもらう。要するに、絵の中に、詩の原文も訳文も収まっているわけです。

詩を翻訳する、という営みに僕はやや悲観的なのですが（小説と違って失われるものの度合いが大きいと思うので）、こういうふうにやれば、翻訳が孤軍奮闘しなくていい。原文もあるし、絵というもうひとつの「翻訳」が加わることで（そしてもちろん、そのどの翻訳も未完なので）、詩の伝わり方が俄然立体的になる。これは大きいと思いました。

それと並行して、この雑誌を年三回作るようになり、言葉にいろんな形でビジュアル的要素を添えてもらうなかで、そもそも「言葉」に「絵」を「添える」という考え方が間違っているのであって、「言葉」と「絵」を組み合わせることで足し算以上のものを作るんだ、と思うようになりました。要するに、我々は1+1を3にしているのだと。

……と、なんだかずいぶん偉そうですが、責任編集を務める僕自身はいつも言うように絵がまったく描けません。いまでも覚えているのですが、ある日幼稚園で、馬がニンジンを食べている絵を描いて「もぐもぐ」と吹き出しをつけたら、「漫画じゃないんだから、吹き出しはつけないのよ」と先生に言われてショックを受けました。それで、なんだかやる気をなくしたまま今日に至り、現在は馬も描けません。猿さえも。そう思うと、五歳のワタシは偉かった。考えてみれば、（まあ単に絵の下手さを補おうとしただけだろうけど）そのころから「絵と言葉」の足し算を実践していたわけではありませんか……。

＊ ＊ ＊

もちろん、先達はたくさんいます。なかでも、絵も言葉も強烈な「幻視力」に貫かれた作品をすべて一人で（妻キャサリンも大いに協力したので正確には二人で）作った十八世紀イギリスの鬼才ウィリアム・ブレイク。詩を書いて、版画を彫って、刷って、色をつけて、製本して、一冊一冊少しずつ違う作品を販売しました。いまでこそブレイクの「詩集」がたくさん出版され、言葉の部分が独立して流通しているわけですが、ブレイク自身にとっては、絵と言葉の両方があって初めて自分の作品でした。今回、ブレイクの意図したとおりの形で代表作のひとつを紹介できて、とても嬉しいです。そしてほかにも、絵と言葉が悦ばしく対話している作品をいくつも揃えました。楽しんでいただけますように。きい。

猿

MONKEY vol. 14
2018年2月15日発行　第14号

編集長……柴田元幸
アートディレクション……宮古美智代
編集……郷雅之／足立菜穂子
販売……齋藤巧／土谷みずき／北澤宏明
プロダクション……中瀬マリ
発行人……新井敏記
印刷・製本……株式会社シナノパブリッシングプレス
発行……株式会社スイッチ・パブリッシング
106-0031　東京都港区西麻布 2-21-28
tel : 03-5485-2100（代表）
03-5484-1321（販売部）
fax : 03-5485-2101

Monkey vol. 14　目次

Cover and contents artwork by 斉木雄太

特集

絵が大事

訪問者

文＝小川洋子
絵＝ジョン・クラッセン

おや、珍しい。
お客さんでしょうか。

察するに、
小柄で遠慮深い
訪問者のようです。

この家の主を目にした者は
一人もいません。
玄関扉はどこにも見当たらず、
すべての窓は闇に
塗りつぶされています。

世界で一番の恥ずかしがり屋が、
夜空の宙に建てた家ですから、
仕方ありません。

静かすぎて木々の葉も全部、
枯れ落ちたほどです。

訪問を許されているのは小鳥だけです。
主が独りぼっちではない証拠を残すため、
小鳥はわざと足跡をつけてから
飛び去ります。

SONGS OF INNOCENCE AND OF EXPERIENCE

Shewing the Two Contrary States of the Human Soul

うた　無垢と経験の

人の魂の　二つの相反するありようを示す

壮大な詩的ビジョンの持ち主であったとともに、きわめて有能な版画職人でもあった
ウィリアム・ブレイク（1757―1827）。彼は詩を書き、版画を作り、
自ら発明した方法（レリーフ・エッチング）で刷り、色をつけ、縫って本にした。
『うた　無垢と経験の』は初期の代表作で、
まず1789年に『無垢のうた』が出版され、94年に『経験のうた』が加わった。
ワーズワースら19世紀のロマン派詩人から、2014年にアルバム*Songs of Innocence*、
17年に*Songs of Experience*をリリースしたU2に至るまで、
数多くのアーチストに霊感を与えてきた作品である。

SONGS OF INNOCENCE 1789

The Author & Printer W Blake

無垢のうた

1789

文章・版画

W・ブレイク

訳

柴田元幸

はじめのうた

ふえを吹いて　ひとも住まぬ谷をくだり
こころよい　よろこびのうたを吹いていると
雲のうえに　こどもが見えた
こどもはわらって　わたしに言った

こひつじのうたを　ふえで吹いてよ　と
それで　たのしく　陽気に吹いた
ふえ吹きさん　そのうたもういちど　吹いてよ
そうして吹くと　こどもはきいて　泣いた。

そのあかるいふえを　捨ててよ
あかるく陽気なうたを　うたってよ
それでおなじうたを　うたってやると
こどもはきいて　よろこんで泣いた。

ふえ吹きさん　そのうた　本に
書いてよ　みんなが読めるように——
そうしてこどもは　目のまえから消えた
そしてわたしは　うつろな葦(あし)を引きぬいた。

そしてひなびたペンをつくり
すんだ水に色をつけて
わたしのあかるいうたを　書いた
こどもみな　きいてよろこぶようにと。

Introduction

Piping down the valleys wild
Piping songs of pleasant glee
On a cloud I saw a child.
And he laughing said to me.

Pipe a song about a Lamb:
So I piped with merry chear,
Piper pipe that song again—
So I piped, he wept to hear.

Drop thy pipe thy happy pipe
Sing thy songs of happy chear,
So I sung the same again
While he wept with joy to hear

Piper sit thee down and write
In a book that all may read—
So he vanish'd from my sight
And I pluck'd a hollow reed.

And I made a rural pen,
And I stain'd the water clear,
And I wrote my happy songs,
Every child may joy to hear.

＊句読点は一部不規則だが原則として版画に従っている。

ひつじかい

なんとのどかな　ひつじかいのくらし
朝から晩まで　さまよって
日がな一日　ひつじたちについていく
その舌からはもっぱら　たたえることば。

この人にきこえるのは　こひつじの
あどけない呼びごえと
母ひつじの　やさしいへんじだから
この人にみまもられ　ひつじたちは心やすらか
まもってくれる人がそばにいるのを知っているから。

The Shepherd.

How sweet is the Shepherds sweet lot,
From the morn to the evening he strays:
He shall follow his sheep all the day
And his tongue shall be filled with praise.

For he hears the lambs innocent call,
And he hears the ewes tender reply,
He is watchful while they are in peace,
For they know when their Shepherd is nigh.

こだますするみどり

日がのぼり
空をよろこばせる
陽気な鐘が鳴って
春を出むかえる。
ヒバリとツグミ
やぶの鳥たちも
あかるい鐘の音をきいて
いっそうにぎやかにうたう
そして　ぼくたちのたわむれるすがたが見える
こだますするみどりで。

白い髪のジョンじいさんも
なやみなどわらいとばして
カシの木の下で
年より仲間とつどう。

The Ecchoing Green

The Sun does arise,
And make happy the skies.
The merry bells ring,
To welcome the Spring.
The sky-lark and thrush,
The birds of the bush,
Sing louder around,
To the bells' cheerful sound.
While our sports shall be seen
On the Ecchoing Green.

Old John with white hair
Does laugh away care,
Sitting under the oak,
Among the old folk.

みんな　ぼくたちがあそぶのを見てわらい
じきに言いだす、
ああ　あのころはたのしかったなあ
おれたちみんな　男も女も
若いころはいたものさ
こだまするみどりに。

やがてこどもたちは疲れ
もう陽気でなくなる
日がしずんで
ぼくたちのたわむれも終わる
母おやのひざをかこんで
姉も妹も　兄も弟も
巣につどう鳥たちみたいに
安らぐとき
たわむれはもう見えない
くれなずむみどりで。

They laugh at our play,
And soon they all say,
Such, such were the joys.
When we all girls & boys.
In our youth time were seen,
On the Ecchoing Green.

Till the little ones weary
No more can be merry
The sun does descend,
And our sports have an end:
Round the laps of their mothers.
Many sisters and brothers,
Like birds in their nest,
Are ready for rest;
And sport no more seen,
On the darkening Green.

子ひつじ

きみをつくったのはだれだい子ひつじくん
知ってるかいだれがきみをつくったのか
きみにいのちをくれて　たべものもくれた
川べりで　原っぱで
よろこびという名の服もくれた
ふわふわとやわらかで　はれやかな服
このうえなくなごやかな声もくれて
谷のだれもかれもが　よろこんだ
きみをつくったのはだれだい子ひつじくん
知ってるかいだれがきみをつくったのか

おしえてあげるよ子ひつじくん
おしえてあげるよ子ひつじくん
その方は　きみの名まえで呼ばれている
みずから子ひつじと名のってらっしゃる*
おとなしく　おだやかで
小さな子どもになられた
ぼくが子ども　きみは子ひつじ
ぼくたちは　その方の名まえで呼ばれてる
きみに神の祝福を子ひつじくん
きみに神の祝福を子ひつじくん。

The Lamb

Little lamb who made thee
Dost thou know who made thee
Gave thee life & bid thee feed.
By the stream & o'er the mead;
Gave thee clothing of delight.
Softest clothing woolly bright;
Gave thee such a tender voice,
Making all the vales rejoice:
Little lamb who made thee
Dost thou know who made thee

Little lamb I'll tell thee,
Little lamb I'll tell thee;
He is called by thy name,
For He calls Himself a Lamb:
He is meek & he is mild,
He became a little child:
I a child & thou a lamb,
We are called by his name.
Little lamb God bless thee,
Little lamb God bless thee.

＊キリストはしばしば子羊にたとえられる。

ちいさな黒い男の子

ぼくのかあさんは南の荒地でぼくを生んだ
ぼくは黒いけど　たましいは白い！
イングランドの子どもは天使みたく白い
だけど僕は　光をうばわれたみたく黒い。

かあさんが木かげでおしえてくれた
昼の暑さが来るまえに　木かげにすわって
ぼくをひざにのせて　キスしてくれて
東を指さし　かあさんはこう言った——

のぼる朝日をごらん　あそこに神が住んでいらして
あそこからあかるさを　あたたかさを送ってくださる
それで花と木と獣(けもの)と人間が
朝にやすらぎを　昼によろこびを受けとる。

そうしてわたしたちは　しばし　この地球に置かれる
愛の光に　耐えることをまなぶようにと。
わたしたちのこの黒い体　この日に焼けた顔
みんな雲にすぎない　影ぶかい森のようなもの。

The Little Black Boy

My mother bore me in the southern wild,
And I am black, but O! my soul is white.
White as an angel is the English child:
But I am black as if bereav'd of light.

My mother taught me underneath a tree
And sitting down before the heat of day.
She took me on her lap and kissed me,
And pointing to the east began to say.

Look on the rising sun: there God does live
And gives his light and gives his heat away.
And flowers and trees and beasts and men receive
Comfort in morning joy in the noon day.

And we are put on earth a little space,
That we may learn to bear the beams of love.
And these black bodies and this sun-burnt face
Is but a cloud, and like a shady grove.

なぜなら　わたしたちのたましいが　あつさに
　耐えることをまなべば
雲は消え　わたしたちは神の声を聞く——
森から出ておいで　わたしが愛し　いつくしむ
　者たちよ
わたしの黄金の住みかのまわりで　子ひつじの
　ように心はずませよ。

そうかあさんはぼくに言ってキスしてくれた。
だからぼくは　イングランドの男の子にこう言
　う——
ぼくが黒い雲から　きみが白い雲から自由にな
　るとき
神さまの住みかのまわりで　子ひつじのように
　心はずませるとき

きみがあつさに耐えられるようになるまで　き
　みに影をつくってあげる
そうしてきみは　ぼくたちの父さんのひざに心
　あかるくよこたわる
そうしたらぼくは立ちあがり　君の銀いろの髪
　をなでよう
ぼくはきみのようになって　そうして　きみに
　愛されるだろう。

For when our souls have learn'd the heat to bear
The cloud will vanish we shall hear his voice.
Saying: come out from the grove my love & care
And round my golden tent like lambs rejoice.

Thus did my mother say and kissed me,
And thus I say to little English boy.
When I from black and he from white cloud free,
And round the tent of God like lambs we joy:

I'll shade him from the heat till he can bear,
To lean in joy upon our fathers knee.
And then I'll stand and stroke his silver hair,
And be like him and he will then love me.

花

あかるい　あかるいスズメ
みどりの葉の下で
たのしい花が
矢のように飛ぶあなたを見る
あなたのささやかなゆりかごを　もとめるがいい
わたしの胸のそばで。

かわいい　かわいいコマドリ
みどりの葉の下で
たのしい花が
あなたがしくしく泣くのを聞く
かわいい　かわいいこまどり
わたしの胸のそばで。

The Blossom.

Merry Merry Sparrow
Under leaves so green
A happy Blossom
Sees you swift as arrow
Seek your cradle narrow
Near my Bosom.

Pretty Pretty Robin
Under leaves so green
A happy Blossom
Hears you sobbing sobbing
Pretty Pretty Robin
Near my Bosom.

エントツそうじ

かあさんが死んだときぼくはまだちいさかった
とうさんはぼくを売りとばした　ぼくの舌が
まだろくにシクシク泣けもしないうちに*
それでぼくは　みなさんのエントツをそうじして　ススにまみれてねむります。

トム・デイカーっていう子がいて　子ひつじの
背なかみたいな巻き毛をそられて泣きました
それでぼくは言いました　泣くなよトム、あたまがサッパリすれば
ススに金髪をよごされずにすむじゃないか

それでトムも泣きやんで　その夜すぐ
ねむっていると　こんなまぼろしを見ました
ディック、ジョー、ネッド、ジャック、何千人ものエントツそうじが
みんな　黒いろのひつぎにとじこめられていたのです

そこへ　あかるいいろのカギをもった天使がやってきて
ひつぎをあけて　みんなを出してくれて
みんなでみどりの野原を　はねて　わらってかけおりて
川で水あびして　お日さまのひかりをあびて。

はだかの白いからだで　ススぶくろはおきざりにして
雲のうえにのぼって　風のなかであそびます。
そうして天使がトムに言いました　いい子にしていたら
神さまがおとうさんになってくれて　いつもあかるい心でいられると。

トムはそこで目ざめて　ぼくたちは闇のなかで起きあがり
ススぶくろとブラシをもって　しごとに出かけました。
朝はさむかったけれど　トムの心はあかるくからだはあたたかでした
だれもがなすべきことをなせば　わるいことが身にふりかかるおそれもないのです。

＊煙突掃除の子供たちは ‘sweep, sweep, sweep, sweep’（煙突掃除、煙突掃除）と叫んで街を回った。‘weep, weep …’ はそのもじり。

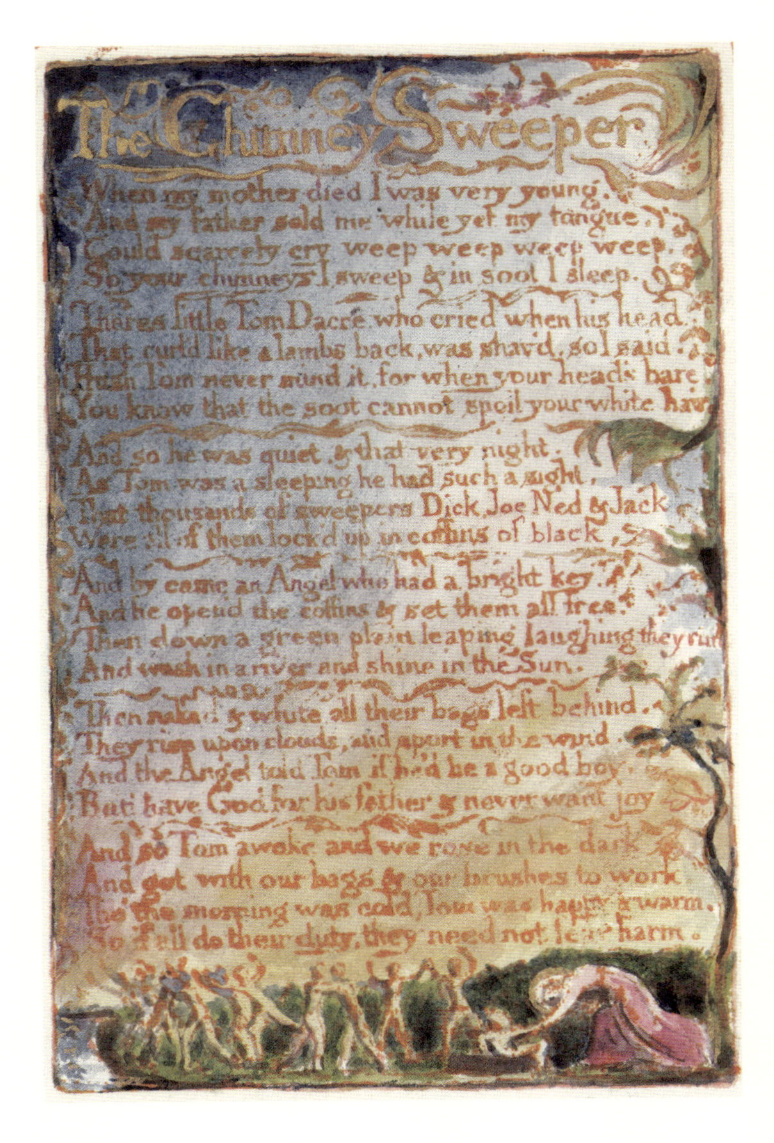

The Chimney Sweeper

When my mother died I was very young,
And my father sold me while yet my tongue,
Could scarcely cry weep weep weep weep,
So your chimneys I sweep & in soot I sleep.

There's little Tom Dacre who cried when his head,
That curl'd like a lambs back, was shav'd, so I said.
Hush Tom never mind it, for when your head's bare,
You know that the soot cannot spoil your white hair.

And so he was quiet. & that very night.
As Tom was a sleeping he had such a sight,
That thousands of sweepers Dick, Joe, Ned & Jack
Were all of them lock'd up in coffins of black,

And by came an Angel who had a bright key.
And he open'd the coffins & set them all free.
Then down a green plain leaping laughing they ru
And wash in a river and shine in the Sun.

Then naked & white all their bags left behind.
They rise upon clouds, and sport in the wind.
And the Angel told Tom, if he'd be a good boy,
He'd have God for his father & never want joy.

And so Tom awoke and we rose in the dark
And got with our bags & our brushes to work.
Tho' the morning was cold, Tom was happy & wa
So if all do their duty, they need not fear harm.

まいごのちいさな男の子

とうさん、とうさん、どこへ行くの
ねえ　そんなにはやくあるかないで
なにか言ってよとうさん　とうさんのちいさな息子に
でないとぼく　まいごになってしまいます

夜は暗く　父親はどこにもおらず
子供は露に濡れていた
泥沼は深く　子供はしくしく泣いた
夜霧が飛び去った

The Little Boy lost

Father, father, where are you going
O do not walk so fast
Speak father, speak to your little boy
Or else I shall be lost,

The night was dark no father was there
The child was wet with dew.
The mire was deep, & the child did weep
And away the vapour flew

見つかったちいさな男の子

鬼火にたぶらかされて
わびしい沼地でまいごになった男の子
泣きだしたけれど　いつもそばにおられる神が
白い服を着た父おやのように　あらわれた。

そうして子どもにキスして　手をつなぎ
母おやのもとに送りとどけた
母もまた　あおざめたかなしみにつつまれ
さみしい谷をさまよい　泣きながらおさない子を
　さがしていたのだった。

The Little Boy found

The little boy lost in the lonely fen,
Led by the wand'ring light,
Began to cry, but God ever nigh,
Appeared like his father in white.

He kissed the child & by the hand led
And to his mother brought,
Who in sorrow pale thro' the lonely dale
Her little boy weeping sought.

わらいうた

みどりの森がよろこびの声でわらい
えくぼうかべた小川が　わらいながらながれてゆき
空も　わたしたちのたのしい心にあわせてわらい
みどりの丘が　そのざわめきでわらうとき

草地も　いきいきとしたみどりでわらい
草をはねるバッタが　たのしい場でわらい
メアリとスーザンとエミリーが
愛らしい丸い口で　ハ　ハ　ヒ　とうたうとき

色あでやかな鳥たちが木かげでわらい
そこの食卓に　サクランボや木の実がならぶとき
さあわたしといっしょに　たのしく陽気にやろう
うたおう　ハ　ハ　ヒ　のはれやかなコーラスを。

Laughing Song,

When the green woods laugh with the voice of joy
And the dimpling stream runs laughing by,
When the air does laugh with our merry wit,
And the green hill laughs with the noise of it.

When the meadows laugh with lively green
And the grasshopper laughs in the merry scene,
When Mary and Susan and Emily.
With their sweet round mouths sing Ha, Ha, He.

When the painted birds laugh in the shade
Where our table with cherries and nuts is spread
Come live & be merry and join with me,
To sing the sweet chorus of Ha, Ha, He.

ゆりかごのうた

ここちよい夢よ　かげをつくれ
わたしのかわいい赤子の頭のうえに
気もちよい小川の　ここちよい夢
たのしげな　しずかな　月の光のそば

やわらかな産毛(うぶげ)につつまれた　ここちよいねむり
おまえの眉に　赤子の冠を編め
ここちよいねむりよ　やさしい天使よ
ただよえ　わたしのしあわせな子どものうえに。

夜にうかぶ　愛らしい笑みよ
ただよえ　わたしのよろこぶこころのうえに
愛らしい笑み　母おやの笑みが
長い夜をひと晩じゅう　なごませる。

愛らしいうめき　ハトのようなため息
おまえの目から　ねむりを追いちらすな
愛らしいうめき　もっと愛らしい笑みが
ハトのようなうめきを　なごませる。

ねむれ　ねむれ　しあわせな子ども
ものみな　ねむり　ほほえんだ
ねむれ　ねむれ　しあわせなねむり
おまえを見おろし　母が泣く

かわいい赤子よ　おまえの顔に
聖なるすがたを　わたしはたどる
かわいい赤子よ　かつて　おまえのように
おまえをつくりたもうた方がよこたわり
　わたしのために泣いてくださった

A Cradle Song

Sweet dreams form a shade,
O'er my lovely infants head.
Sweet dreams of pleasant streams,
By happy silent moony beams

Sweet sleep with soft down.
Weave thy brows an infant crown.
Sweet sleep Angel mild,
Hover o'er my happy child.

Sweet smiles in the night,
Hover over my delight
Sweet smiles Mothers smiles
All the livelong night beguiles.

Sweet moans, dovelike sighs
Chase not slumber from thy eyes.
Sweet moans, sweeter smiles.
All the dovelike moans beguiles.

Sleep sleep, happy child,
All creation slept and smiled
Sleep sleep, happy sleep.
While o'er thee thy mother weep

Sweet babe in thy face,
Holy image I can trace.
Sweet babe once like thee.
Thy Maker lay and wept for me

Wept for me for thee for all,
When he was an infant small.
Thou His image ever see.
Heavenly face that smiles on thee,

Smiles on thee on me on all,
Who became an infant small,
Infant smiles are his own smiles,
Heaven & earth to peace beguiles.

わたしのため　おまえのため　みんなのために
　泣いてくださった
あの方がちいさな　おさな子だったときに。
おまえはいつも見ている　その方のすがたを
おまえにほほえむ　天なるお顔が

おまえに　わたしに　みんなにほほえむ
その方はちいさな　おさな子となった
おさな子の笑みは　あの方ごじしんの笑み
天と地をなごませ　やすらぎをもたらす。

神の姿

つらいことがある者はみな
あわれみ　いつくしみ　安らぎ　愛に祈る
それら　よろこびを生む力に
感謝のこころをかえす。

あわれみ　いつくしみ　安らぎ　愛とは
神のこと　わたしたちのいとしい父のこと
あわれみ　いつくしみ　安らぎ　愛とは
神の子たる　神にまもられる　人間のこと

あわれみは人間の心をしていて
いつくしみは人間の顔をしている
そして愛は　人間の姿をした神
そして安らぎは　人間の服を着ている

だから　すべての地のすべての人が
つらいことがあれば祈る
人間の姿をした神に祈る
あわれみ　いつくしみ　安らぎ　愛に

そしてだれもが愛さねばならぬ
異教徒　トルコ人　ユダヤ人のなかにある
　人間の姿を
あわれみ　愛　いつくしみの住むところ
神も住んでいる

The Divine Image.

To Mercy Pity Peace and Love.
All pray in their distress:
And to these virtues of delight
Return their thankfulness.

For Mercy Pity Peace and Love,
Is God our Father dear:
And Mercy Pity Peace and Love,
Is Man his child and care.

For Mercy has a human heart
Pity, a human face:
And Love, the human form divine,
And Peace, the human dress.

Then every man of every clime,
That prays in his distress,
Prays to the human form divine
Love Mercy Pity Peace,

And all must love the human form.
In heathen, turk or jew,
Where Mercy, Love & Pity dwell,
There God is dwelling too.

聖木曜日

聖なる木曜日　無垢な顔に汚れもなく
子供らは二列になって歩く　赤　青　緑を着て
白髪頭の教会の係が　雪のように白い杖を手に前を歩き
皆テムズの水の如く流れて　セントポールの大いなる丸屋根に入ってゆく*

なんと大勢に見えたことか　このロンドンの街の花たち
みな共に座し　自らの輝きを放ち
大勢がざわめく音　だがそれは子羊の群れのざわめき
何千もの小さな男の子女の子　汚れない手を挙げて

そうしていま　力強い風の如く　天に向かって歌声を上げる
あるいは　ハーモニー美しい雷鳴の如く　天の座席のあいだに
その下には　老いた男たち――貧者の賢明なる保護者
ならば憐れみの念を育め、天使を玄関払いしてしまわぬよう

HOLY THURSDAY

Twas on a holy Thursday their innocent faces clean
The children walking two & two in red & blue & green
Grey headed beadles walked before with wands as white as snow
Till into the high dome of Pauls they like Thames waters flow

O what a multitude they seemd these flowers of London town
Seated in companies they sit with radiance all their own
The hum of multitudes was there but multitudes of lambs
Thousands of little boys & girls raising their innocent hands

Now like a mighty wind they raise to heaven the voice of song
Or like harmonious thunderings the seats of heaven among
Beneath them sit the aged men wise guardians of the poor
Then cherish pity, lest you drive an angel from your door

＊1782年にはじまり、毎年5月か6月、慈善学校の生徒たちがロンドンの街をセントポール大聖堂まで行進し、神をたたえ慈善主たちに感謝した。多くの見物人のなかにウィリアム・ブレイクもいたにちがいない。

夜

西に沈む太陽
夕べの星が光る
鳥たちは巣のなかでだまっている
わたしもじぶんのねぐらをさがさねば
花のような月が
天高きあずまやに
音もなく　はればれと座し
夜に笑みをそそぐ。

さようなら　みどりの原とたのしい林
羊の群れがよろこび
子ひつじたちが食(は)み、音もなく
かがやく天使たちの足がうごく
だれにも見られず　天使は祝福をそそぐ
よろこびをそそぐ　たえまなく
つぼみ一つひとつ　花一つひとつに
ねむる胸一つひとつに。

思いわずらわぬ巣を　天使は見てまわる
鳥たちはあたたかくつつまれている
けものの穴を一つひとつ　天使はおとずれる
かれらに害がおよばぬように
ねむっているべき
だれかがすすり泣くのを見たら
天使はその頭にねむりをそそぎ
まくらもとにすわる。

Night

The sun descending in the west.
The evening star does shine.
The birds are silent in their nest,
And I must seek for mine.
The moon like a flower,
In heavens high bower;
With silent delight,
Sits and smiles on the night.

Farewell green fields and happy groves,
Where flocks have took delight;
Where lambs have nibbled, silent moves
The feet of angels bright;
Unseen they pour blessing,
And joy without ceasing,
On each bud and blossom,
And each sleeping bosom.

They look in every thoughtless nest,
Where birds are covered warm;
They visit caves of every beast,
To keep them all from harm;
If they see any weeping,
That should have been sleeping,
They pour sleep on their head
And sit down by their bed.

When wolves and tygers howl for prey
They pitying stand and weep;
Seeking to drive their thirst away
And keep them from the sheep
But if they rush dreadful.
The angels most heedful
Recieve each mild spirit
New worlds to inherit.

And there the lions ruddy eyes
Shall flow with tears of gold:
And pitying the tender cries
And walking round the fold:
Saying: wrath by his meekness
And by his health sickness.
Is driven away.
From our immortal day.

And now beside thee bleating lamb
I can lie down and sleep;
Or think on him who bore thy name
Graze after thee and weep
For wash'd in lifes river
My bright mane for ever.
Shall shine like the gold.
As I guard o'er the fold.

狼や虎が　えものをもとめて吠えるとき
天使たちはあわれんでたたずみ　なみだをながす
吠えるものらの　かわきを追いはらおうと
かれらを　羊たちから遠ざけようと
だがかれらが　おそろしいいきおいでおそってきたら
天使たちはぬかりなく
おとなしい霊一つひとつを受けいれて
あたらしい世界を引きつがせる。

そこでは　ライオンの赤らんだ目が
金の涙をながすだろう
いたいけな叫びをあわれんで
群れのまわりをあるきながら
ライオンは言う　怒りはあの方の柔和（にゅうわ）さに
病はあの方の健康（すこやか）さに
追いはらわれる
わたしたちの　不滅の日から。

そしていま　鳴く子ひつじよ　きみのかたわらで
わたしはよこたわり　ねむる
あるいは　きみの名をおびた方を思う
きみとおなじに食み　なみだをながす方を。
生の川に洗われて
わたしのあかるいたてがみは　いつまでも
黄金のようにかがやくだろう
群れをまもって見はりに立つなか。

When wolves and tygers howl for prey
They pitying stand and weep;
Seeking to drive their thirst away,
And keep them from the sheep.
But if they rush dreadful,
The angels most heedful,
Receive each mild spirit.
New worlds to inherit.

And there the lions ruddy eyes,
Shall flow with tears of gold;
And pitying the tender cries
And walking round the fold:
Saying: wrath by his meekness
And by his health, sickness.
Is driven away,
From our immortal day.

And now beside thee bleating lamb
I can lie down and sleep;
Or think on him who bore thy name
Graze after thee and weep.
For wash'd in lifes river.
My bright mane for ever.
Shall shine like the gold.
As I guard o'er the fold.

春

笛を鳴らせ！
いまは　やんでいる
鳥たちはよろこぶ
昼も夜も
谷間の
ナイチンゲール
空のヒバリが
たのしく
たのしくたのしく　新しい年を出むかえる

おさない男の子
よろこびでいっぱいの

おさない

Spring

Sound the Flute!
Now it's mute.
Birds delight
Day and Night.
Nightingale
In the dale
Lark in Sky
Merrily
Merrily Merrily to welcome in the Year

Little Boy
Full of Joy,

Little

おさない女の子
かわらしく　ちいさい
おんどりが声をあげる
きみも声をあげる
たのしい声
あかんぼのたてる音
たのしくたのしく　新しい年を出むかえる

おさない子ひつじ
わたしはここにいるよ
こっちへ来て
わたしの白い首をなめておくれ
ひっぱらせておくれ
おまえのやわらかな毛を
キスさせておくれ
おまえのやわらかな顔に
たのしくたのしく　みんなで新しい年を出むかえる

Little Girl
Sweet and small,
Cock does crow
So do you.
Merry voice
Infant noise
Merrily Merrily to welcome in the Year

Little lamb
Here I am.
Come and lick
My white neck.
Let me pull
Your soft Wool.
Let me kiss
Your soft face.
Merrily Merrily we welcome in the Year

乳母のうた

子どもたちの声が　野原できこえて
わらい声が　丘できこえると
わたしのこころは　胸のうちでやすまる
なにもかもがしずか

さあ家におかえり子どもたち　日もしずんだよ
夜露がおりてくる
さあ　あそぶのはやめて　行きましょう
空に　朝が出てくるまで

やだよ　あそぼうよ　まだあかるいよ
ねむれないよ
空には小鳥たちが飛んでるし
丘はひつじでいっぱいだし

じゃあ　日がくれるまであそんでらっしゃい
それから　うちへかえってねるのよ
ちいさい子らは　はねて　さけんで　わらって
それが丘という丘にこだました

Nurse's Song

When the voices of children are heard on the green
And laughing is heard on the hill,
My heart is at rest within my breast
And everything else is still

Then come home my children the sun is gone down
And the dews of night arise
Come come leave off play, and let us away
Till the morning appears in the skies

No no let us play, for it is yet day
And we cannot go to sleep
Besides in the sky, the little birds fly
And the hills are all covered with sheep

Well well go & play till the light fades away
And then go home to bed
The little ones leaped & shouted & laugh'd
And all the hills echoed

うれしい　という名のおさな子

ぼくにはなまえがない
まだうまれてふつかめ。—
あなたを何て呼べばいい？
ぼくはたのしいから
なまえは　うれしい。—
あなたがうれしくありますように！

愛らしい　うれしい！
生まれてまだ二日の　かわいいうれしい
かわいいうれしい　そう呼ぶよ
あなたがほほえめば
わたしはうたう
あなたがうれしくありますように。

Infant Joy

I have no name
I am but two days old.
What shall I call thee?
I happy am
Joy is my name.
Sweet joy befall thee!

Pretty joy!
Sweet joy but two days old.
Sweet joy I call thee;
Thou dost smile,
I sing the while
Sweet joy befall thee.

夢

むかし　ひとつの夢が影を編んだ
天使にまもられたぼくのベッドの上で
アリが一匹　迷子になった
ぼくがどうやらねむっていた草の上で

心ぼそく　とまどい　よるべなく
暗い夜の旅につかれて
からまった枝をつぎつぎ越え
悲しみにくれる彼女の声がきこえた

ああ　わたしのこどもたち！　泣いているかしら
父おやのため息をきいているかしら
あちこちさがしに行って
かえってきて　わたしを想って泣く。

あわれの念にさそわれ　ぼくはひとつぶの涙をながしたが
と　そばにホタルがあらわれた
ホタルがこたえる　だれです
夜の見はりを呼んで泣きさけぶのは

カブトムシたちが見まわるあいだ
地面をてらすのが　わたしの役目
カブトムシの羽音についていきなさい
さまよえるちいさな者よ　はやく家におかえり

A Dream

Once a dream did weave a shade,
O'er my Angel-guarded bed.
That an Emmet lost it(')s way
Where on grass methought I lay.

Troubled wildered and forlorn
Dark benighted travel-worn,
Over many a tangled spray,
All heart-broke I heard her say.

O my children! do they cry,
Do they hear their father sigh.
Now they look abroad to see,
Now return and weep for me.

Pitying I drop'd a tear;
But I saw a glow-worm near:
Who replied. What wailing wight
Calls the watchman of the night.

I am set to light the ground,
While the beetle goes his round:
Follow now the beetle's hum,
Little wanderer hie thee home.

On Anothers Sorrow

Can I see anothers woe.
And not be in sorrow too.
Can I see anothers grief.
And not seek for kind relief.

Can I see a falling tear.
And not feel my sorrows share.
Can a father see his child.
Weep, nor be with sorrow fill'd.

Can a mother sit and hear.
An infant groan an infant fear—
No no never can it be.
Never never can it be.

And can he who smiles on all
Hear the wren with sorrows small.
Hear the small birds grief & care
Hear the woes that infants bear—

And not sit beside the nest
Pouring pity in their breast.
And not sit the cradle near
Weeping tear on infants tear.

And not sit both night & day.
Wiping all our tears away.
O! no never can it be.
Never never can it be.

He doth give his joy to all.
He becomes an infant small.
He becomes a man of woe
He doth feel the sorrow too.

Think not, thou canst sigh a sigh.
And thy maker is not by.
Think not, thou canst weep a tear,
And thy maker is not near.

O! he gives to us his joy.
That our grief he may destroy
Till our grief is fled & gone
He doth sit by us and moan

On Anothers Sorrow

Can I see anothers woe,
And not be in sorrow too.
Can I see anothers grief,
And not seek for kind relief.

Can I see a falling tear.
And not feel my sorrows share,
Can a father see his child,
Weep, nor be with sorrow fill'd.

Can a mother sit and hear.
An infant groan an infant fear—
No no never can it be,
Never never can it be.

And can he who smiles on all
Hear the wren with sorrows small.
Hear the small birds grief & care
Hear the woes that infants bear—

And not sit beside the nest
Pouring pity in their breast.
And not sit the cradle near
Weeping tear on infants tear.

And not sit both night & day.
Wiping all our tears away.
O! no never can it be.
Never never can it be.

He doth give His joy to all,
He becomes an infant small,
He becomes a man of woe
He doth feel the sorrow too.

Think not. thou canst sigh a sigh,
And thy Maker is not by.
Think not, thou canst weep a tear,
And thy Maker is not near.

O! he gives to us his joy.
That our grief he may destroy
Till our grief is fled & gone
He doth sit by us and moan

ひとのかなしみ

ひとのかなしみを見たら
じぶんもかなしまずにいられない
ひとのなげきを見たら
じぶんもなぐさめをさがさずにいられない

おちるなみだを見たら
じぶんのぶんの　かなしみもかんじる
子が泣くのを見て
かなしみにつつまれぬ父おやはいるだろうか

赤子がうめき　赤子がこわがるのを
じっと聞いていられる母おやがいるだろうか
ひとりもいないだろう
ぜったいいないだろう

すべてに笑みをむけるあの方が
ミソサザイのちいさなかなしみを聞き
ちいさな鳥のなげきとなやみを聞き
赤子が耐えるわびしさを聞き

巣のかたわらにすわって
かれらの胸に　あわれみの念をそそぎもせず
ゆりかごのそばにすわって
赤子のなみだの上になみだをおとしもせず

昼も夜も　わたしたちのなみだを
ぬぐいさりもせずに　いられるだろうか
まさか！　そんなことはないだろう
ぜったいにないだろう

あの方は　すべてにじぶんのよろこびをあたえる
ちいさな赤子になる
かなしみにくれる男になる
じぶんもまた　かなしみをかんじる

きみがため息をついたら
きっと造物主がそばに来てくださる
きみがなみだをながせば
きっと造物主が近くに来てくださる

神はじぶんのよろこびを　わたしたちにくださる
わたしたちのなげきをうちはらうべく
わたしたちのなげきが　消えさるまで
神はわたしたちのかたわらにすわって　なげいている

SONGS
OF EXPERIENCE
1794

The Author & Printer W Blake

経験のうた

1794

文章・版画

W・ブレイク

訳

柴田元幸

はじめのうた

詩人の声を聞け！
過去、現在、未来を見とおし
その耳は聞いた
いにしえの木々のあいだを歩く
聖なる言葉が

道を外れたたましいに呼びかけ
夕露に泣くのを——
星降る空を
あやつって
堕ちた　堕ちた光をよみがえらせようと！

ああ大地よ大地よ　戻っておいで！
露に濡れた草から起きあがれ
夜は過ぎ
朝がいま
まどろむかたまりから立ちあがる。

もう顔をそむけるな
なぜ顔をそむけるのか
星の床が
水の岸が
夜明けまではおまえのものなのに。

Introduction.

Hear the voice of the Bard!
Who Present, Past, & Future sees
Whose ears have heard,
The Holy Word,
That walk'd among the ancient trees.

Calling the lapsed Soul
And weeping in the evening dew;
That might controll.
The starry pole;
And fallen fallen light renew!

O Earth O Earth return!
Arise from out the dewy grass;
Night is worn,
And the morn
Rises from the slumberous mass.

Turn away no more:
Why wilt thou turn away
The starry floor
The watry shore
Is givn thee till the break of day.

大地の答え

大地は　彼女は　顔を上げた
恐ろしい　侘しい闇から
彼女の光が　逃げた
石のような恐ろしさ！
髪は灰色の絶望に覆われて。

水の岸に囚われの身となり
星の妬みが　わたしの洞(ほら)を見はる
寒々と　髪も白く
泣く声がきこえる
いにしえの人びとの父の声が。

身勝手な　人びとの父
残酷な　妬みぶかい　身勝手な恐怖
歓喜といえども
夜の鎖に繋がれていては
若さと朝の乙女たちを産めようか。

春はよろこびを隠すか
蕾(つぼみ)も花もひろがるとき？
種蒔く人は
夜に蒔くか？
耕す人は闇のなかで耕すか？

わたしの骨に凍りつく
この重い鎖を断ち切れ
身勝手で、虚(うつ)ろな、
自由な愛を縛る
永遠の災いを！

EARTH'S Answer

Earth raised up her head.
From the darkness dread & drear.
Her light fled:
Stony dread!
And her locks cover'd with grey despair.

Prison'd on watry shore
Starry Jealousy does keep my den
Cold and hoar
Weeping o'er
I hear the father of the ancient men

Selfish father of men
Cruel jealous selfish fear
Can delight
Chain'd in night
The virgins of youth and morning bear.

Does spring hide its joy
When buds and blossoms grow?
Does the sower?
Sow by night?
Or the plowman in darkness plow?

Break this heavy chain.
That does freeze my bones around
Selfish! vain!
Eternal bane!
That free Love with bondage bound.

土くれと石ころ

愛は自分を喜ばせようとはしない
自分のことは気にもかけずに
他人におのれの安らぎを与え
地獄の絶望に　天国を築く

　と　牛の足にさんざん踏まれた
　小さな土くれは歌ったが
　小川の石ころが
　即妙のうたを返した

愛は自分しか喜ばせようとしない
他人を自分の喜びに縛りつけ
他人が安らぎを失うことを愉しみ
天国の悪意に　地獄を築く。

The CLOD & the PEBBLE

Love seeketh not Itself to please.
Nor for itself hath any care;
But for another gives its ease.
And builds a Heaven in Hells despair.

　So sung a little Clod of Clay,
　Trodden with the cattles feet;
　But a Pebble of the brook.
　Warbled out these metres meet.

Love seeketh only Self to please,
To bind another to Its delight;
Joys in anothers loss of ease.
And builds a Hell in Heavens despite.

HOLY THURSDAY

Is this a holy thing to see.
In a rich and fruitful land,
Babes reduced to misery,
Fed with cold and usurous hand?

Is that trembling cry a song?
Can it be a song of joy?
And so many children poor?
It is a land of poverty!

And their sun does never shine.
And their fields are bleak & bare.
And their ways are fill'd with thorns
It is eternal winter there.

For where-e'er the sun does shine.
And where-e'er the rain does fall:
Babe can never hunger there,
Nor poverty the mind appall.

聖木曜日

これは見るに聖なるものなのか
豊かで実り多き国で
赤ん坊たちが惨めな暮らしを強いられ
冷たい　強欲な手で育てられている姿

あの震える叫びは歌なのか
あれはよろこびの歌なのか
あんなに多くの子どもが貧しいのか
ここは貧苦の国だ！

かれらの陽は決して照らない
かれらの畑は荒涼として何もない
かれらの行く手は棘(いばら)に満ちて
永久に冬だ。

陽が照ればどこでも
雨が降ればどこでも
赤ん坊が飢えはしないはず
貧苦が心を苛みもしないはず。

失われた少女

未来のなかに
わたしは予見する
大地が眠りから
（彫れ　深く　この一文を）

起きあがり　心優しき
創造主を探すだろう
荒れた不毛の地が
のどかな庭となるだろう。

南の地
夏の盛りが
けっして色あせぬ地で
美しいライカが横たわっていた。

七つの夏を
美しいライカはかぞえた
長いことさまよい
野の鳥の歌を聴いた。

甘い眠りよ　来ておくれ
この木の下に
父さん母さん　泣いているでしょうか
「ライカはどこに眠る」と。

荒れた不毛の地に
あなたがたの子どもは迷っています
どうしてライカは眠れましょう
母さんが泣いているというのに。

母さんの心が痛むなら
ライカを目ざめさせてください
母さんが眠れば
ライカも泣きません。

しかめ面の　しかめ面の夜よ
この不毛の地に　明るく
あなたの月をのぼらせてください
目を閉じているわたしの上に。

ライカは横たわって眠る
猛獣たちが
深い洞窟から出てきて
眠る娘を見た。

王のごときライオンが立ち
乙女を見て
そうして　跳ねまわった
清められた地面を。

The Little Girl Lost

In futurity
I prophetic see.
That the earth from sleep.
(Grave the sentence deep)

Shall arise and seek
For her maker meek:
And the desart wild
Become a garden mild.

In the southern clime,
Where the summers prime
Never fades away;
Lovely Lyca lay.

Seven summers old
Lovely Lyca told,
She had wandered long.
Hearing wild birds song.

Sweet sleep come to me
Underneath this tree;
Do father, mother weep.—
“Where can Lyca sleep”.

Lost in desart wild
Is your little child.
How can Lyca sleep,
If her mother weep.

If her heart does ake,
Then let Lyca wake;
If my mother sleep,
Lyca shall not weep.

Frowning frowning night,
O'er this desart bright,
Let thy moon arise.
While I close my eyes.

Sleeping Lyca lay:
While the beasts of prey,
Come from caverns deep,
View'd the maid asleep

The kingly lion stood
And the virgin view'd,
Then he gambold round
O'er the hallowd ground:

Leopards, tygers play,
Round her as she lay;
While the lion old,
Bow'd his mane of gold.

And her bosom lick,
And upon her neck,
From his eyes of flame,
Ruby tears there came:

While the lioness,
Loos'd her slender dress,
And naked they convey'd
To caves the sleeping maid.

The Little Girl Found

All the night in woe,
Lyca's parents go:
Over vallies deep.
While the deserts weep.

Tired and woe-begone.
Hoarse with making moan:
Arm in arm seven days.
They trac'd the desart ways.

Seven nights they sleep.
Among shadows deep:
And dream they see their child
Starv'd in desart wild.

Pale thro' pathless ways
The fancied image strays.

豹たち、虎たちが遊ぶ
眠る彼女を囲んで
老いたライオンは
黄金のたてがみを垂らし

彼女の胸を舐めて
彼女の首に
炎の目から
ルビーの涙が落ちる

雌ライオンが
ライカのうす衣（ぎぬ）を解き
裸で眠る乙女を二頭で
洞窟に運んでいった。

見つかった女の子

ひと晩じゅう　悲しみに暮れて
ライカの両親は行く
深い谷間を
不毛の地がむせび泣く。

疲れ　悲しみに染まり
苦悩のうめきに喉も嗄（か）れ
ふたり手をとって　七日にわたり
不毛の地の道をたどった。

七たび夜を　かれらは眠る
深い影につつまれて
そうして　夢のなかで子を見る
不毛の荒れ地で　飢える子を。

道なき道を　青ざめた
夢で見る姿がさまよう

ひもじく　すすり泣く　弱々しい
うつろな　あわれな叫びをあげる子

安らまぬ思いで立ちあがり
震える女の気は急くが
疲れた悲しみの足は
もうこれ以上進めない。

夫はその腕で　悲嘆に暮れる
妻の体を支える
やがて　二人の前に
横たわるライオンが。

引き返そうにも無駄なこと
じき　その重たいたてがみで
二人を地面に倒し
ライオンは周りをまわって

獲物の匂いを嗅ぐ
けれど　かれらの恐れは鎮まる
ライオンがかれらの手を舐め
黙ってかたわらに立つと。

かれらはライオンの目をのぞき込む
深い驚きに満たされ
目を見はって眺める
黄金に包まれた霊を。

頭には王冠を戴き
肩には黄金の毛が
流れるように落ちる
かれらの不安は失せた。

ついて来い　ライオンは言った
娘を想って泣くな
わたしの宮殿の奥で
ライカは眠っている。

幻に導かれて
二人が行くと
眠る子どもが見えた
荒々しい虎たちにまじって。

いまなお　かれらは棲んでいる
さみしい谷間に
狼の吠え声も
ライオンのうなりも恐れずに。

Famish'd, weeping, weak
With hollow piteous shriek

Rising from unrest,
The trembling woman prest,
With feet of weary woe;
She could no further go.

In his arms he bore.
Her arm'd with sorrow sore:
Till before their way,
A couching lion lay.

Turning back was vain,
Soon his heavy mane.
Bore them to the ground;
Then he stalk'd around.

Smelling to his prey,
But their fears allay.
When he licks their hands:
And silent by them stands.

They look upon his eyes
Fill'd with deep surprise:
And wondering behold.
A spirit arm'd in gold.

On his head a crown
On his shoulders down,
Flow'd his golden hair.
Gone was all their care.

Follow me he said,
Weep not for the maid;
In my palace deep.
Lyca lies asleep.

Then they followed,
Where the vision led;
And saw their sleeping child,
Among tygers wild.

To this day they dwell
In a lonely dell
Nor fear the wolvish howl,
Nor the lions growl.

煙突そうじ

雪降りしきるなかちいさな黒い姿が
しくしく　しくしく　悲しく叫ぶ
おまえの父母はどこに？　どこにいる？
二人とも教会へお祈りに行きました。

ぼくが荒野（あれの）でたのしくすごし
冬の雪降るなかでもわらっていたものだから
ふたりはぼくに　死の服を着せて
悲しみのうたを教えこんだのです

ぼくがたのしく　おどって　うたうものだから
ぼくにすこしもひどいことしてないとふたりはきめて
神さまと　司祭さまと　王さまをたたえに行きました
ぼくらのふしあわせで天国をつくる方々をたたえに。

THE Chimney Sweeper

A little black thing among the snow:
Crying weep, weep, in notes of woe!
Where are thy father & mother? say?
They are both gone up to the church to pray.

Because I was happy upon the heath
And smil'd among the winters snow:
They clothed me in the clothes of death
And taught me to sing the notes of woe

And because I am happy. & dance & sing.
They think they have done me no injury:
And are gone to praise God & his Priest & King
Who made up a heaven of our misery.

乳母のうた

子どもたちの声が　野原できこえ
ささやきが　谷間にひろがると
わたしの若き日々がよみがえり
顔はあおざめ　血の気がうせる。

さあお帰り子どもたち　日は沈んだよ
夜露が降りてくる
あなたたちの春と昼は戯れに
冬と夜は偽りに　むなしく費やされる。

NURSES Song

When the voices of children. are heard on the green
And whisperings are in the dale:
The days of my youth rise fresh in my mind,
My face turns green and pale.

Then come home my children. the sun is gone down
And the dews of night arise
Your spring & your day. are wasted in play
And your winter and night in disguise.

病む薔薇

薔薇よ君は病んでいる
荒れくるう
嵐の夜に飛ぶ
見えない虫が

深紅の悦びにひたされた
君の寝床を見つけたのだ
虫の暗い　ひそかな愛が
君の生を滅ぼす。

The SICK ROSE

O Rose thou art sick.
The invisible worm.
That flies in the night
In the howling storm:

Has found out thy bed
Of crimson joy:
And his dark secret love
Does thy life destroy.

蠅

小さな蠅
おまえの夏の戯れを
ぼくのこころない手が
はたきとばしてしまった。

ぼくは
おまえのように　蠅ではないか？
それともおまえは
ぼくのように　人ではないか？

ぼくもまた　踊り
飲み　歌う身
何か盲目の手に
翼をはたかれるまで。

もし思いが命で
力で　息で
思いのないことが
死であるなら

ならばぼくは
しあわせな蠅
生きようが
死のうが。

THE FLY.

Little Fly
Thy summers play,
My thoughtless hand
Has brush'd away.

Am not I
A fly like thee?
Or art not thou
A man like me?

For I dance
And drink & sing;
Till some blind hand
Shall brush my wing.

If thought is life
And strength & breath;
And the want
Of thought is death;

Then am I
A happy fly,
If I live,
Or if I die.

天使

夢を見た！　どういう意味だろう？
わたしは未婚の女王だった
優しい天使に護られていても
狂おしい悲しみが　片時も紛れなかった！

わたしは夜も昼も泣き
天使がその涙を拭ってくれた
わたしは昼も夜も泣いて
天使から　心のよろこびを隠したので

天使は飛びたち　去ってしまった
やがて朝が頬を薔薇色に染め
わたしは涙を拭いて　恐れる心を
一万の盾と槍で武装した。

じきに天使がまたやって来たが
わたしが武装していたので　来ても無駄だった
若き日々は過ぎ去り
わたしの頭には白髪があったから。

The Angel

I Dreamt a Dream! what can it mean?
And that I was a maiden Queen:
Guarded by an Angel mild;
Witless woe, was neer beguil'd!

And I wept both night and day
And he wip'd my tears away
And I wept both day and night
And hid from him my hearts delight

So he took his wings and fled:
Then the morn blush'd rosy red:
I dried my tears & arm'd my fears,
With ten thousand shields and spears.

Soon my Angel came again;
I was arm'd, he came in vain:
For the time of youth was fled
And grey hairs were on my head

虎

虎　虎　夜の森のなか
まぶしくもえる虎
どんな不死の手が　目があれば
おまえの恐るべき均整をつくれたのか？

どこの遠い　深い海や大空で
おまえの目の炎は燃えたのか？
どんな翼に乗って　かれは飛びたつのか？
どんな手が　炎を摑むのか？

どんな肩が　どんな技があったら
おまえの心臓の筋をねじれたのか？
おまえの心臓が打ちはじめたとき
どんな恐ろしい手が？　どんな恐ろしい足が？

どんな槌が？　どんな鎖が
どんな竈（かまど）に　おまえの脳はあったのか？
どんな鉄床（かなとこ）？　どんな恐ろしい手が
死をもたらすその恐怖を　摑んだのか？

星々が槍を投げ落とし
天を涙で濡らしたとき
かれは　みずからの業（わざ）を見て微笑んだか？
子羊を造ったかれが　おまえを造ったのか？

虎　虎　夜の森のなか
まぶしくもえる虎
どんな不死の手が　目があれば
おまえの恐るべき均整をつくれるのか？

The Tyger.

Tyger Tyger. burning bright,
In the forests of the night;
What immortal hand or eye.
Could frame thy fearful symmetry?

In what distant deeps or skies.
Burnt the fire of thine eyes?
On what wings dare he aspire?
What the hand, dare seize the fire?

And what shoulder, & what art,
Could twist the sinews of thy heart?
And when thy heart began to beat.
What dread hand? & what dread feet?

What the hammer? what the chain,
In what furnace was thy brain?
What the anvil? what dread grasp.
Dare its deadly terrors clasp?

When the stars threw down their spears
And water'd heaven with their tears:
Did he smile his work to see?
Did he who made the Lamb make thee?

Tyger Tyger burning bright,
In the forests of the night;
What immortal hand or eye,
Dare frame thy fearful symmetry?

ぼくのかわいい薔薇の木

だれかが花をくれると言った
五月が生んだこともない花を
でもぼくは　ぼくにはかわいい薔薇の木があるのです
と言って　美しい花をかえりみなかった。

それから　ぼくのかわいい薔薇の木のところへ行った
昼も夜も世話をしに
ところがぼくの薔薇は　嫉妬に顔をそむけた
彼女の棘が　ぼくの唯一の愉しみになった。

ああ　ひまわり！

ああ　ひまわり！　時の流れに疲れて
太陽の歩みをかぞえる者よ
この上なく心地よい気候の
さすらい人の旅も終わる　あの地を求めて

そこでは　欲望にやつれた若者と
雪につつまれた青白い乙女が
墓からよみがえり　焦がれるのだ
わたしのひまわりが行きたい地に。

百合の花

控えめな薔薇は棘を出す
つつましい羊は脅しの角を出す
けれど白い百合は　愛によろこぶ
棘も脅しも　彼女のかがやく美しさを汚しはしない。

My Pretty ROSE TREE

A flower was offered to me;
Such a flower as May never bore.
But I said I've a Pretty Rose-tree.
And I passed the sweet flower o'er.

Then I went to my Pretty Rose-tree:
To tend her by day and by night.
But my Rose turnd away with jealousy:
And her thorns were my only delight.

AH! SUN-FLOWER

Ah Sun-flower! weary of time.
Who countest the steps of the Sun:
Seeking after that sweet golden clime
Where the travellers journey is done.

Where the Youth pined away with desire,
And the pale Virgin shrouded in snow:
Arise from their graves and aspire.
Where my Sun-flower wishes to go.

THE LILLY

The modest Rose puts forth a thorn:
The humble sheep. a threatning horn:
While the Lilly white, shall in Love delight,
Nor a thorn nor a threat stain her beauty bright.

愛の庭

わたしは愛の庭に行った
見たことがないものを見た
かつて　わたしが遊んだ草地の
ただなかに礼拝堂が立っていた

礼拝堂の門は閉まっていて
汝　為スベカラズ　と扉の上に書いてあったので
わたしは愛の庭へ向かった
きれいな花をたくさん咲かせる庭へ

するとそこは　墓でいっぱいだった
花があるはずのところに墓石があって
黒い僧服の司祭たちが練りあるき
わたしの悦びを　望みを　棘（いばら）で縛っていた。

The GARDEN of LOVE

I went to the Garden of Love.
And saw what I never had seen:
A Chapel was built in the midst,
Where I used to play on the green.

And the gates of this Chapel were shut,
And Thou shalt not, writ over the door;
So I turn'd to the Garden of Love,
That so many sweet flowers bore,

And I saw it was filled with graves,
And tomb-stones where flowers should be:
And Priests in black gowns, were walking their rounds,
And binding with briars, my joys & desires.

ちいさな宿なし

かあさん　かあさん　教会はさむいよ
でも酒場はからだにいいし　気もちよくて　あたたかいよ
それに　やさしくしてもらえば　ぼくわかるもの
そういうやさしさ　天国ではだめだろうねえ。

だけどもし　教会でビール出してくれたら
それと気もちよい暖炉もあって　こころをたのしませてくれたら
ぼくたち日がな一日　うたって　いのるよ
教会から出たいなんて　一度だっておもわないよ。

そうなったら牧師さんも　お説教してお酒のんでうたえばいい
僕たちみんな　春の鳥みたいにうれしくなるよ
年じゅう教会にいる　おしとやかなラーチさんも
がに股の子どもがいなくなって　ご飯ぬきの罰もムチ打ちも要らなくなるね

神さまも　父親みたいによろこぶよ
子どもたちがみな　自分とおなじに気もちよくうれしそうにしてるのを見て——
悪魔とも酒樽とも　神さまはもうケンカせず
悪魔にキスして　酒をあげて　着るものもあげるだろうよ。

The Little Vagabond

Dear Mother, dear Mother, the Church is cold,
But the Ale-house is healthy & pleasant & warm:
Besides I can tell where I am use'd well,
Such usage in heaven will never do well.

But if at the Church they would give us some Ale.
And a pleasant fire, our souls to regale:
We'd sing and we'd pray all the live-long day:
Nor ever once wish from the Church to stray.

Then the Parson might preach & drink & sing.
And we'd be as happy as birds in the spring:
And modest dame Lurch, who is always at Church
Would not have bandy children nor fasting nor birch

And God like a father rejoicing to see,
His children as pleasant and happy as he:
Would have no more quarrel with the Devil or the Barrel
But kiss him & give him both drink and apparel.

ロンドン

わたしはさまよう　特権にまもられた街路から街路を
特権にまもられたテムズが流れるそばを
出あう顔ひとつひとつにみとめる
弱さのしるし　悲しみのしるしを。

すべてのひとの　すべての叫びに
すべての赤子の　恐怖の叫びに
すべての声　すべての呪いに
ひとが頭でつくった　枷が聞こえる

煙突掃除の子どもの叫びが
すべての黒ずみゆく教会をおののかせ
あわれな兵士のため息が
血に溶けてながれ　宮殿の壁をつたって落ちる

けれど　真夜中の街で　何よりよく聞こえるのは
年若い娼婦の吐く　呪詛のことば
それが　生まれたばかりの赤子の涙を枯れさせ
結婚の柩を　疫病で荒らす。

LONDON

I wander thro' each charter'd street.
Near where the charter'd Thames does flow
And mark in every face I meet
Marks of weakness, marks of woe,

In every cry of every Man,
In every Infants cry of fear.
In every voice; in every ban.
The mind-forg'd manacles I hear

How the Chimney-sweepers cry
Every blackning Church appalls.
And the hapless Soldiers sigh
Runs in blood down Palace walls

But most thro' midnight streets I hear
How the youthful Harlots curse
Blasts the new-born Infants tear
And blights with plagues the Marriage hearse

The Human Abstract.

Pity would be no more,
If we did not make somebody Poor;
And Mercy no more could be,
If all were as happy as we;

And mutual fear brings peace;
Till the selfish loves increase.
Then Cruelty knits a snare,
And spreads his baits with care.

He sits down with holy fears.
And waters the ground with tears:
Then Humility takes its root
Underneath his foot.

Soon spreads the dismal shade
Of Mystery over his head;
And the Catterpiller and Fly.
Feed on the Mystery.

And it bears the fruit of Deceit.
Ruddy and sweet to eat:
And the Raven his nest has made
In its thickest shade.

The Gods of the earth and sea,
Sought thro' Nature to find this Tree
But their search was all in vain:
There grows one in the Human Brain

人間というもの

憐れみの念はなくなるだろう
だれかをまずしくしなければ
情けももはやありえぬだろう
だれもがみんな幸せだったら。

恐れあうことで平和がもたらされ
やがて自己愛が増していき
残酷が罠を編んで
餌を念入りに広げる

聖なる恐れをかかえこみ
残酷は地面を涙でぬらす
やがて　その足下に
謙虚さが根をおろす。

じきに神秘の暗い影が
頭のうえにひろがる
芋虫と蠅が
神秘を食って生きる

そして　あざむきが実を結び
赤々として　味もよい
そして　渡鳥（わたりがらす）*が
奥深い茂みに巣を作る。

地と海の神々が
自然をめぐり歩き　この木を探したが
捜索はすべて無駄であった
この木は　人の脳内で育つのだ。

＊不吉さの象徴。

かなしみという名の赤子

かあさんがうめいた！　とうさんが泣いた
危険な世界にぼくは飛びこんだ
力なく　はだかで　やかましくわめいて
雲にかくれた鬼みたいに

とうさんの手のなかであばれて
うぶ着をはねようともがいて
しばられて　疲れて　ぼくはおもった
かあさんの胸ですねているのが一番だと。

INFANT SORROW

My mother groaned! my father wept,
Into the dangerous world I leapt:
Helpless, naked, piping loud:
Like a fiend hid in a cloud.

Struggling in my fathers hands:
Striving against my swaddling bands
Bound and weary I thought best
To sulk upon my mothers breast.

毒の木

ぼくは友だちに腹をたてていた
ぼくは怒りを語り　怒りは止んだ。
ぼくは敵に腹をたてていた。
ぼくは怒りを語らず　怒りは大きくなった。

ぼくは恐れて　怒りに水をやった
夜も朝も　ぼくの涙をやった
そうして日をあてた　微笑みの日を
やわらかい　欺瞞のたくらみの日を

怒りは昼も夜も大きくなった
やがてあかるいリンゴが生った
リンゴがかがやくのをぼくの敵は見た
それがぼくのだと　かれにはわかった

そうして　ぼくの庭に忍びこんだ。
夜が空にベールをかけて
朝になり　ぼくは見てよろこんだ
ぼくの敵が　木の下に倒れていた。

A POISON TREE.

I was angry with my friend;
I told my wrath, my wrath did end.
I was angry with my foe:
I told it not. my wrath did grow.

And I waterd it in fears,
Night & morning with my tears:
And I sunned it with smiles,
And with soft deceitful wiles.

And it grew both day and night,
Till it bore an apple bright.
And my foe beheld it shine,
And he knew that it was mine.

And into my garden stole.
When the night had veild the pole;
In the morning glad I see,
My foe outstretched beneath the tree.

失われた男の子

何ものも　己を愛するように　他を愛しはしない
じぶんを崇めるように　他を崇めはしない
ひとの考えが　己より大きなものを
知るのは不可能だ

だから父さん　どうしてぼくにあなたを愛せましょう
あるいはぼくの兄弟を　自分より？
ぼくがあなたを愛するのは　軒先でパンくずをついばむ
小鳥を愛するようなもの。

司祭はかたわらで　子どものことばを聞いていた
熱くわななき　子どもの髪を鷲づかみにし
上着を引っぱって連れていった
司祭らしい配慮にだれもが感心した。

そして司祭は高い祭壇に立ち　言った
見よ　なんたる悪鬼がここにいることか
何よりも聖なる神秘を
理性で裁こうとする輩が。

すすり泣く子どもの声は聞いてもらえなかった
すすり泣く両親はむなしくすすり泣いた
こどもは服をはがれ　シャツ一枚にされ
鉄の鎖でしばられて

聖なる場で焼かれた
これまで多くの者たちが焼かれてきた場で
すすり泣く両親はむなしくすすり泣いた
こんなことがイングランドの地で為されているのか。

A Little BOY Lost

Nought loves another as itself
Nor venerates another so.
Nor is it possible to Thought
A greater than itself to know:

And Father. how can I love you,
Or any of my brothers more?
I love you like the little bird
That picks up crumbs around the door.

The Priest sat by and heard the child,
In trembling zeal he seiz'd his hair:
He led him by his little coat:
And all admir'd the Priestly care.

And standing on the altar high.
Lo what a fiend is here! said he:
One who sets reason up for judge
Of our most holy Mystery.

The weeping child could not be heard,
The weeping parents wept in vain:
They strip'd him to his little shirt.
And bound him in an iron chain.

And burn'd him in a holy place.
Where many had been burn'd before:
The weeping parents wept in vain.
Are such things done on Albions shore.

A Little GIRL Lost

Children of the future Age.
Reading this indignant page;
Know that in a former time.
Love! sweet Love! was thought a crime.

In the Age of Gold,
Free from winters cold:
Youth and maiden bright.
To the holy light,
Naked in the sunny beams delight.

Once a youthful pair
Fill'd with softest care;
Met in garden bright.
Where the holy light,
Had just removd the curtains of the night.

There in rising day.
On the grass they play:
Parents were afar;
Strangers came not near:
And the maiden soon forgot her fear.

Tired with kisses sweet
They agree to meet,
When the silent sleep
Waves o'er heavens deep:
And the weary tired wanderers weep.

To her father white
Came the maiden bright:
But his loving look,
Like the holy book,
All her tender limbs with terror shook.

Ona! pale and weak!
To thy father speak:
O the trembling fear!
O the dismal care!
That shakes the blossoms of my hoary hair

失われた女の子

未来の子どもたちよ
この憤りの一ページを読んで
知れ　むかしむかし
愛！　甘美な愛！　が罪と思われた時代があったことを

冬のさむさも知らぬ
金の時代
はれやかな　若者と乙女
聖なる光をあびて
日のひかりのよろこびに　はだかでひたる

かつて　わかい二人がいて
このうえなくやさしい思いが　胸にみちて
はれやかな　庭で会った
聖なる光が
夜のカーテンを取りさったばかりの庭で。

日がのぼるなか
草のうえでかれらはあそぶ
親たちは　とおくに
知らない人たちも　寄ってこない
乙女はじき　恐れをわすれた。

甘いキスに疲れて
ふたりはまた会う約束をした
声なきねむりが
ふかい天のうえで　波うち
疲れ　憂いたさすらい人たちが涙するときに。

白髪の父のもとへ
はれやかな乙女は行った
が　父のやさしいまなざしが
聖なる書のように
乙女の脆い身を　恐怖にふるわせた。

オーナ！　青ざめた　弱いオーナ！
わたしに　おまえの父に　語っておくれ
ふるえる恐れを！
鬱々たる不安を！
それが　わたしの老いた髪の花をゆさぶる

テルザ*に

死すべき生まれから生まれたものはみな
土とともに朽ちねば
生まれて死ぬ移ろいから　自由にはなれぬ
であれば　わたしはおまえと何のかかわりがあ
　ろう？

男と女は　恥と傲慢から咲き
朝にひらいて　夕に死んだが
慈悲が　死を眠りに変えてくれて
男と女は立ちあがった　働き　泣くために。

わたしの　死すべき部分の母よ
おまえは　わたしの心を残酷さでかたちづくっ
　た
いつわりの　欺瞞の涙で
わたしの鼻　目　耳をふさいだ

非情の土でわたしの舌を閉じ
わたしを　死すべき生へと売りわたした
イエスの死がわたしを自由にしてくれた
であれば　わたしはおまえと何のかかわりがあ
　ろう？

　　　　　　　　　　　　よみがえる
　　　　　　　　　　　　　霊的なる体

To Tirzah

Whate'er is Born of Mortal Birth,
Must be consumed with the Earth
To rise from Generation free:
Then what have I to do with thee?

The Sexes sprung from Shame & Pride
Blowd in the morn; in evening died
But Mercy changed Death into Sleep;
The Sexes rose to work & weep.

Thou Mother of my Mortal part.
With cruelty didst mould my Heart.
And with false self-decieving tears.
Didst blind my Nostrils Eyes & Ears

Didst close my Tongue in senseless clay
And me to Mortal Life betray:
The Death of Jesus set me free.
Then what have I to do with thee?

It is Raised
　A Spiritual Body

＊旧約聖書「雅歌」6:4、「わが愛する者よ、あなたは美しいことテルザのごとく、麗しいことエルサレムのごとく……」より。都市名であり女の名であり、世俗的・物質的なものの象徴。

The School Boy

I love to rise in a summer morn,
When the birds sing on every tree;
The distant huntsman winds his horn,
And the sky-lark sings with me.
O! what sweet company.

But to go to school in a summer morn,
O! it drives all joy away;
Under a cruel eye outworn.
The little ones spend the day,
In sighing and dismay.

Ah! then at times I drooping sit,
And spend many an anxious hour,
Nor in my book can I take delight,
Nor sit in learnings bower,
Worn thro' with the dreary shower.

How can the bird that is born for joy,
Sit in a cage and sing.
How can a child when fears annoy.
But droop his tender wing.
And forget his youthful spring.

O! father & mother, if buds are nip'd,
And blossoms blown away,
And if the tender plants are strip'd
Of their joy in the springing day,
By sorrow and cares dismay.

How shall the summer arise in joy,
Or the summer fruits appear.
Or how shall we gather what griefs destroy
Or bless the mellowing year.
When the blasts of winter appear.

学校の生徒

夏の朝に目ざめるのが好き
木という木で鳥がうたう
とおくの狩人が角(つの)ぶえを吹き
ひばりがぼくといっしょにうたう
ああ　なんて気もちのいい仲間たち。

でも夏の朝に学校へ行くのは
ああ！　よろこびもいっぺんに吹っとぶ
くたびれた　残忍な目の下で
子どもたちは一日を過ごす
ため息をつき　失意につつまれて。

ああ！　ぼくは時おり　うなだれて
不安のうちに何時間も過ごす
本を読んでもたのしくないし
わびしいにわか雨に疲れて
学び舎(や)でじっとしてもいられない。

鳥はよろこぶために生まれてくるのに
どうして籠のなかで　うたえるだろう
子どもが恐れに苛まれたら
そのかよわい翼を垂らし
みずみずしい春も忘れてしまうしかないではないか

ああ父さん母さん！　つぼみが摘まれて
花が吹きとばされ
かよわい草木が
かなしみと不安になやまされて
芽を出す日のよろこびをうばわれたら

夏はどうやって　よろこびに起きあがれるでしょう
夏の果物はどう出てこられるでしょう
ぼくたちはどうやって
かなしみがこわしてしまうものを集められるでしょう
熟してゆく一年をどう祝福できるでしょう
冬の風が吹きすさんだら。

いにしえの詩人の声

よろこびにみちた若さよ　ここへ来たまえ
明けてゆく朝を　見たまえ
生まれたばかりの真理の姿を
疑念は逃げ　理性の雲も去った
暗い言いあらそいや　狡猾な意地悪も。
愚行は果てしない迷路
絡まった根っこが道にはびこる
何人がそこで倒れたことか！
かれらはひと晩じゅう　死者たちの骨につまずき
自分は苦労しか知らぬと感じ
他人を導きたいと願う　かれらこそ導かれるべきなのに。

The Voice of the Ancient Bard.

Youth of delight come hither.
And see the opening morn,
Image of truth new born.
Doubt is fled & clouds of reason.
Dark disputes & artful teazing.
Folly is an endless maze,
Tangled roots perplex her ways,
How many have fallen there!
They stumble all night over bones of the dead:
And feel they know not what but care;
And wish to lead others when they should be led

Essay

絵が大事

柴田元幸

さし絵、イラストレーション。Illustrationはラテン語のillustrāre（光をあてる）に由来し、luster（光沢）などと同語源である。十四世紀から使われている語だが、元々は文字どおり「照らすこと」の意であり、「さし絵」の意味が発生したのは十九世紀になってからである。

　もっと昔から美しい装飾本がヨーロッパにはあったじゃないか、とこっちは思うわけだが、古くはillustrationと言わず、もっと明るそうなilluminationという言葉を使った。中世の装飾写本はilluminated manuscriptsという。

中世のことだからお金をかけるのはたいてい宗教関係であり、装飾写本も大半は宗教的な内容だった。本を装飾することは、壮麗な教会を建てることと同じに、神をたたえる営みだった。

　今回訳したウィリアム・ブレイクが作った一連の装飾版画も、書物にかつてあった聖性をよみがえらせる企てにほかならない。

　とはいえ、中世の人たちは単に敬虔さのかたまりだったと思ってしまうと、彼らを見くびることになる。

　こういう←ふざけた、ほとんど落書きのような絵柄が、中世の写本の隅っこに時おり顔を出す。pの字から矢が飛び出しているところがいいですね。

ふざけているということでいえば、こっち↗はもっとすごい。

　十三世紀フランスの寓意文学『薔薇物語』の十四世紀に作られた写本の一部で、なんと尼僧がペニスの木から実（?）を摘んでいるのですね。

　敬虔であれ冒瀆的であれ、書物において絵が華々しく活躍していることは間違いない。

この後、十五世紀にグーテンベルクが発明した活版印刷の技術は、圧倒的に文字の優勢をもたらした。Illuminationはillustrationに、いわば格下げされた。

　とはいえ、印刷技術が発展するにつれ、図版を盛り込むことも容易になってくる。その結果、十九世紀欧米の小説では、さし絵がきわめて重要な要素となった。一八八四／八五年刊の『ハックルベリー・フィンの冒険』初版には一七四点のさし絵が収められている。字だけ読んでこの小説を体験するのと、一七四点の絵を見ながら読むのとでは、ほとんど別々の体験だと言っていいと思う。

ところで、いま『ハック・フィン』について「一八八四／八五年刊」と妙な書き方をした。これは、外国であるイギリスでは一八八四年に出たのだけれど、本国アメリカでは一八八五年になってから出た、という意味である。

どうしてそんなことになったのか。犯人は、一枚のさし絵である。これです←

成り行きでトム・ソーヤーのふりをすることになったハック・フィンと向きあったサイラスおじさんのズボンから、勃起したペニスが飛び出している。アメリカ版の最終点検段階では（おそらく）入っていなかったこの猥褻な細工が、見本刷りで発見されたのである。

"WHO DO YOU RECKON 'T IS?"

「ペニスの木の実を摘むのに較べれば、かわいいものじゃないか」と言いたくなるが、あちらは金持ちの個人が所蔵する豪華写本、こちらはセールスマンが家から家を回って売り歩く人気商品。ましてや時代はヴィクトリア朝、性的なことはとかく隠蔽される。こんなものを出したらトウェインの作家生命は終わる。かくして、本は全部刷り直しとなり、刊行予定年の一八八四年に間に合わなかったのである。翌一八八五年、無難な絵←に入れ替えた版が刊行された。

出版社は五百ドルの懸賞金を出して犯人発見に努めたが、ついに見つからずじまいだった。

一七四点のさし絵といえば、ほぼ二ページに一点の割合である。これだけあれば当然、小説のイメージ形成にものすごく影響する。これは『ハック・フィン』に限らない。読んだことのない人でさえ、さし絵を介して作品のイメージをはっきり持っていたりする。たとえばヴィクトル・ユゴーの『レ・ミゼラブル』といえば、誰もがこの絵→を思い浮かべる。

ミュージカル版『レ・ミゼラブル』が二十世紀末にロンドンやニューヨークでロングランを続けていたころ、街を走るバスの車体に、このさし絵の少女コゼットをあしらった広告をさんざん見かけたものである（一九九一年刊のブレット・イーストン・エリス『アメリカン・サイコ』でも、あたかもヤッピーとホームレスしか存在しないかのような戯画化された現代のニューヨークを描く際、その今日性を定着させるために何度も言及したのがこの『レ・ミゼラブル』バス広告だった）。

トウェイン、ユゴーと並ぶ文

豪をイギリスで探すとすればむろんディケンズだが、彼もさし絵には非常に神経を使った。執筆中の段階から、あらすじやキャラクターの概要を画家に伝え、絵の出来映えに細かく口を出した。その結果、こんな←名作さし絵も生まれた。

Oliver asking for More

孤児院でオリヴァー・トゥイストが、お代わりを要求して人々を愕然とさせる、あまりにも有名なシーン。このシーンをこの絵と切り離すことは不可能である。というより、この絵こそがこのシーンだと言ってもいいだろう。

この絵を描いたのは、当時の人気画家ジョージ・クルックシャンク。ディケンズの著書三冊に絵をつけているが、やがてクルックシャンクが熱心な禁酒主義者になったことなどが原因で二人の関係は次第に醒めてゆき、ディケンズ死の翌年、クルックシャンクは、『オリヴァー・トゥイスト』は物語も人物も自分のアイデアだったと『タイムズ』紙に投書して騒ぎになった（ディケンズ関係者はむろんこれを否定した）。

一方、ディケンズと同世代の小説家ウィリアム・サッカレーは、本人に絵の才があったため代表作『虚栄の市』のさし絵も自分で描いている←

この一枚からでも、サッカレーの諷刺精神が生き生きと伝わってくるのではないだろうか。

子ども向けの本となれば、絵はさらに大事である。たとえばルイス・キャロルのアリス本。言わずと知れたジョン・テニエル画伯である。

どの絵でもいいなかでここでこの↓絵を選んだのは、単純に僕が一番好きな絵だからで、このあと、公爵夫人がこのものすごく重たそうなあごをアリスの肩にどっこいしょと載せるくだりはもっと好きである。カート・ヴォネガットもこれが好きだったようで、『チャンピオンたちの朝食』にこんな一節がある——

ここでドウェインはものすごく不自然なことをやった。なぜやったかというと、私がやらせたかったからである。何年も何年も前から、私はこれを登場人物にやらせたくてたまらなかったのだ。ドウェインがトラウトに対してやったのは、『不思議の国のアリス』で公爵夫人がアリスに対してやったことである。自分のあごを、気の毒にもトラウトの肩に載せ、ぐいぐい押しつけたのだ。（引用者訳）

ヴォネガットが何年も熱烈な「引用欲」を抱きつづけた背後には、キャロルの文章のみなら

ず、テニエルが描いたこの不滅のあごの記憶があったにちがいない。

キャロルが『不思議の国のアリス』を出そうとしたとき、ジョン・テニエルはすでに有名な諷刺画家だった。要するにテニエルの方が格が上だったわけで、内容についてもテニエルはけっこう上から目線で忠告している——

ドジソン〔キャロルの本名〕さま

鉄道の場面でアリスが一番手近にあったものとして老婦人の髪を摑むが、あれはむしろ、山羊のひげを摑む方がいいのではあるまいか。きっと列車ががくんと揺れて、両者はたがいに接近するだろうし。

私のことを残酷だと思わないのでほしいのだが、正直言って、「スズメバチ」の章は私にはまったく面白くない。絵も全然思い浮かばない。もし君が本を短くしたいと思っているなら、謹んで申し上げる、ここここそが適所だと私は思わずにいられない。

J・テニエル拝

かくして、「かつらをかぶったスズメバチ」の章は『鏡の国のアリス』から削除されることとなり、一九七四年まで世に出なかった。読んでみると、不機嫌なスズメバチにアリスが新聞を読んで聞かせる情景とか、個人的にには、馬鹿っぽくてなかなかよいと思いますが……（高山宏訳『新注 鏡の国のアリス』〔東京図書、一九九四〕などには収録されている）。

＊

というように、作家と画家のあいだにもさまざまなドラマがあったわけだが、十九世紀にはかくも重要だったさし絵が、二十世紀に入ると、大衆小説はともかく、いわゆる純文学では急激に居場所を失っていく。今日、本格的な小説の単行本にさし絵が入っていることはごく稀である。マーク・トウェイン（一八三五—一九一〇）ではあれほどさし絵が活躍したのに、ヘンリー・ジェームズ（一八四三—一九一六）になると一気に似合わなくなる。ジェームズにはさし絵画家を主人公とする中期の傑作短篇「本物」（一八九二）はあるのに、本人は自作に絵がつくことを嫌い、単行本ではほとんど入れていない。

理由は簡単で、要するに小説の心理描写が精密になればなるほど、絵の入る余地はなくなるのだ（そしてジェームズは心理小説の大家であり、小説における心理描写の精度を高めるのに大きく貢献した人物である）。お代わりください、とオリヴァー・トウィストが要求している姿は比較的絵になりやすいが、『ユリシーズ』のレオポルド・ブルームの内面の声を絵にするのは難しい。二十世紀に入って、文章の多義性・曖昧性も以前より自覚的に追求されるようになり、絵によってそれが限定されてしまうことを作家が嫌うようになった。『変身』を出版するにあたってカフカは、表紙に虫の絵が使われると聞いて、あわてて「それは駄目！」と出版社に手紙を書いた。その結果、初版はこういう⬅謎の表紙となった。

もちろん、カフカのパロディ本でよく見かけるようなゴキブリの絵が『変身』初版本の表紙に出ていたら相当興ざめだろう。が、それはそれとして、ほとんどつねに「芸術に絵は邪魔」ということになってしまったのも、ちょっともったいない気がする。まあたしかに絵が向かない文学もあるだろうが、絵と組むことでより豊かな総体が生まれてくるような作品もあるんじゃないか。なので最後に、絵と言葉が密に結びついていた時代を偲んで、本文中で紹介した、オリヴァー・トウィストがお代わりを要求する絵に対応する部分を翻訳して締めくくることにしよう。

少年たちが食事を与えられる部屋は石の床の大広間で、一方の端に竈があった。この竈から、エプロンを身につけた救貧院の院長が、手伝いの女性一人か二人を従え、食事時に粥をよそったのである。この祝祭的なる食物を、少年それぞれが浅い椀に一杯与えられ、ほかには何もなかった。時おり、何か非常にめでたい日に限り、パン二オンスと四分の一が加わった。

椀はまったく洗う必要がなかった。少年たちがスプーンで、ぴかぴかに戻るまで磨きまくっていたからである。この作業を終えると(スプーンは椀とほぼ同じくらい大きかったのでさしたる時間はかからなかった)、彼らは座ったまま竈をじっと、食い入るように、まさに竈の素材たる煉瓦ですら貪れそうな目で眺めつつ、もしや粥が撥ねかかってはいないかと指を精力的に吸う営みに従事するのだった。男の子というのは概して食欲旺盛なものだ。オリヴァー・トウィストとその仲間たちは、三か月にわたって緩慢な飢餓状態の拷問に苦しまされた。やがて、あまりの空腹、あまりの飢えに駆られて、年の割に背の高い、こういう事態に慣れていない(父親が小さな料理店をやっていたのである)一人の少年が、一日にもう一杯粥をもらえなければそのうちいつかの晩に隣で寝ている子を食べてしまうかもしれない、と仲間たちに禍々しくほのめかした(隣の子は弱々しい、いまだ幼い子であった)。少年の目は飢えにギラギラ燃え、仲間たちは何も言わずその言葉を信じた。話し合いが持たれた。その晩の夕食後に誰が院長の許へ行ってお代わりを頼むかをめぐって籤が引かれ、オリヴァー・トウィストが当たった。

晩が訪れた。少年たちは席についた。料理人の服を着た院長は竈の前に陣取り、貧民の手伝いがそのうしろに並んだ。粥が配られた。長い祈りに短い食事が続いた。粥は消え、少年たちはヒソヒソ囁きあってオリヴァーに目くばせし、そばにいる子たちは肱でつついた。子供ながらオリヴァーも空腹ゆえに必死の境地、苦しみゆえに捨て鉢となっていた。彼は食卓から立ち上がり、椀とスプーンを手に院長の前に歩み出て、己の向こう見ずぶりに我ながら愕然としつつ言った――

「すみません、お代わり欲しいです」

院長は太った健康な男であったが、それを聞いて真っ青になった。驚きに呆然とした目で数秒間この小さな反逆者に見入っていたが、やがて支えを求めて竈につかまった。手伝いの者たちは驚愕に、少年らは恐怖に体も麻痺した。

「何だと!」院長がやっとのことで、か細い声で言った。

「すみません」とオリヴァーは答えた。「お代わり欲しいです」

院長は粥を汲むお玉でオリヴァーの頭に一撃を加え、両腕で羽交い締めにして、教区吏を金切り声で呼んだ。

理事会が厳かに会合中、大いに興奮したバンブル氏が駆け込んできて、上座に座った紳士に向かって言った――

「ミスター・リムキンズ、失礼します! オリヴァー・トウィストがお代わりを求めたのです!」

一同ギョッと凍りついた。どの顔にも恐怖の面持ちが浮かんでいた。

「お、お、お代わりだと!」リムキンズ氏が言った。「落着くのだバン

Oliver asking for More

ブル、はっきり答えたまえ。つまりそれは、規定どおり与えられた夕食を食したあとにお代わりを求めたということかね？」

「そうです」バンブルは答えた。

「その子はいずれ縛り首になるぞ」白いチョッキの紳士は言った。「私にはわかる、その子は縛り首になる」

紳士の預言的意見に誰も反駁しなかった。熱のこもった議論が交わされた。オリヴァーは即時、監禁の身となった。翌朝、門の外に貼り紙が出された――オリヴァー・トウィストを教区から引きとってくれる者に五ポンドの報酬を出す、という内容であった。言いかえれば、商売を問わず己の稼業に奉公人を求める人間なら誰にでも、五ポンドとオリヴァー・トウィストが差し出されたのである。

「絶対の確信をもって申し上げる」白いチョッキの紳士が翌朝門を叩いて貼り紙を読みながら言った。「絶対の確信をもって申し上げる。あの子はかならずや、縛り首になる」

白いチョッキの紳士の預言が正しかったか否か、今後順を追ってお聞かせするつもりであるから、この段階で、オリヴァー・トウィストの人生がかような非業の結末を迎えたかどうかをほのめかしてしまうのは、お話の興を（この話に興なぞがあるとして）殺ぐことになるであろう。

（『オリヴァー・トウィスト』第二章「オリヴァー・トウィストの成長、教育、食事をめぐる話」結末）

The Deaths of Henry King

ヘンリー・キングのさまざまな死

文＝ジェシ・ボールとブライアン・エヴンソン
絵＝リリ・カレ　訳＝柴田元幸

作家２人がメールをやりとりして
ヘンリー・キングのさまざまな死を創造し、
前衛アニメーターが絵をつけた。
89点あるうちの11点をここに——

ヘンリー・キングは金槌が頭になかば食い込んだ状態で目を覚ました。誰かがその穴から金槌を引っぱり出し、もう一度振り下ろすと、その衝撃でヘンリーの全身に、とりわけ末端に若干の震えが生じた。

ヘンリー・キングは医者に、あなたの金髪は悪い徴候ですな、と言われた。「稲妻と溺死に遭いやすい。とかまあそんなたぐいだね」。事実、二年後に、海岸の遊歩道を歩いているとき彼は稲妻に打たれた。人波のなか、ほかは誰も傷ひとつ負わなかった。

ヘンリー・キングは開いた窓から落ちた。一人の女の子が、カモノハシについてジョークを言っている最中だった。それはとてつもなく可笑しいジョークだったので、何が起きたか見たあとも大勢の人が笑いつづけた。

ヘンリー・キングは夜遅く工場に残っていた。両脚を機械にはさまれて、気まずい思いをしていた。その晩、経営者が工場を売却し、以後誰も戻ってこず、ヘンリーは餓死した。

　ヘンリー・キングが梯子をのぼると雨が降ってきた。偶然にも雨はすべて彼の口のなかに入り、彼は倒れる間もなく溺れ死んだ。

ヘンリー・キングはシャツに遺書を書いた。そこには「ごめんねガートルード、僕は自分を生き埋めにせずにはいられなかったんだ」と書いてあった。

　ヘンリー・キングは飛んでいる最中にもう一方の建物の屋根が思ったよりずっと遠いことに気がついた。

気球から落ちたあと、ヘンリー・キングとして残ったものは、地面に出来たヘンリー・キング形の凹みだけだった。まもなくそれもなくなった。

ヘンリー・キングはいつの日か誘拐されるかもしれない人たちのための特別なシャツを着た。おかげで日々の暮らしはずっと気が楽になった。小規模の落下を生き延びる必要がある人たちのための特別な靴を彼は買った。本物のヘルメットを彼はかぶった。合成ゴムと鋼鉄から成る服袋で股間を覆った。この奇妙な外見はブエノスアイレスの暴徒を挑発するに十分であり、彼はサッカー場に入ろうとしたところで殺された。三十人の男たちが彼の頭を踏んづけて立ち、頭はぺしゃんこになった。体には誰も手を出さなかった。

ヘンリー・キングという名前の男が、ヘンリー・キングという名の男（彼とは別人）をめぐるフォークソングによって殺された。この歌は、バトンルージュで起きた殺人事件にヘンリー・キングなる人物が関与していたことを示唆する歌であり、この一件に関しヘンリー・キングは（つまり我々のヘンリー・キングは）無実であったが、この件に関し裁判にかけられ、処刑されたのである。

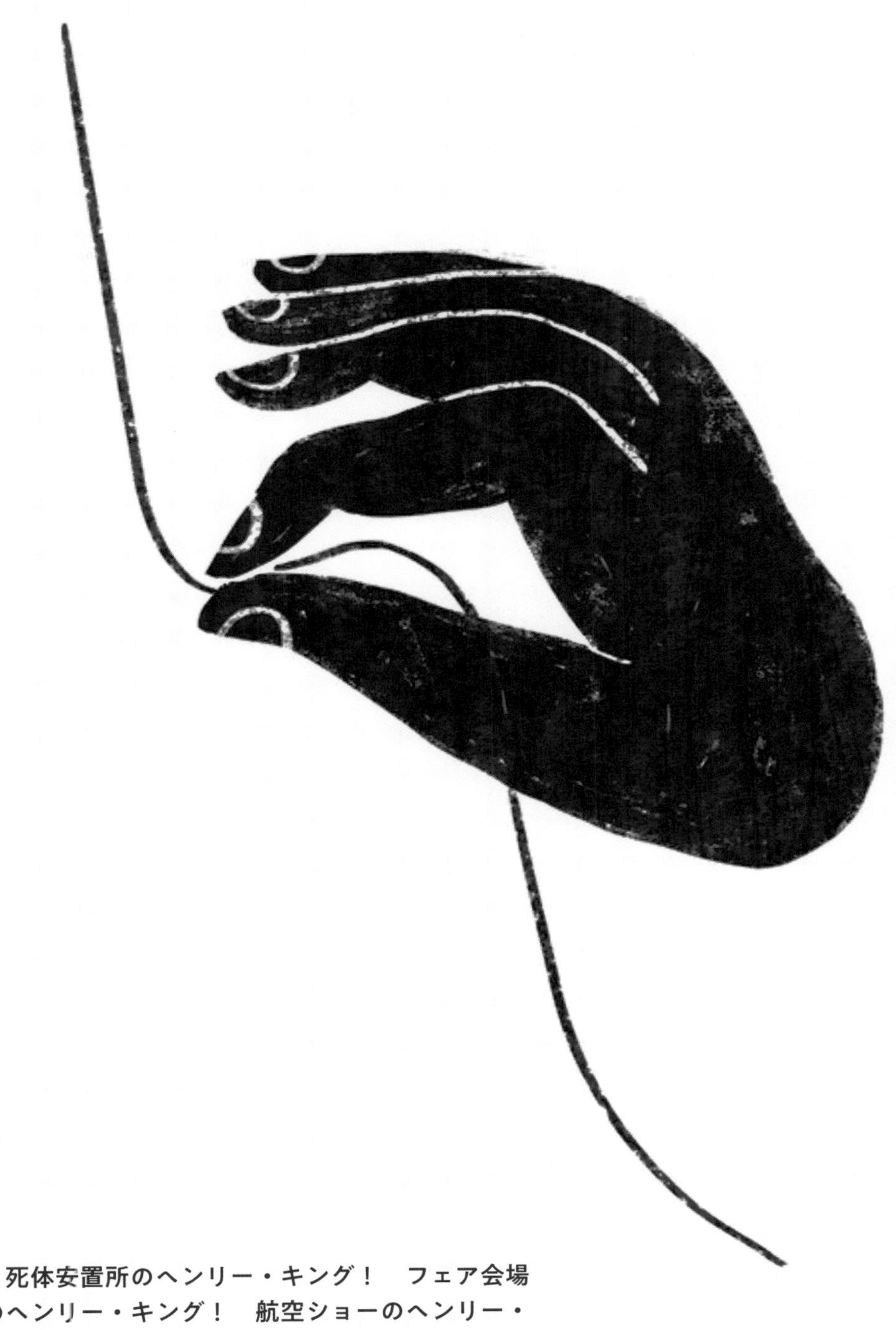

死体安置所のヘンリー・キング！　フェア会場のヘンリー・キング！　航空ショーのヘンリー・キング！　十一月九日はヘンリー・キングの日であり、誰もがヘンリー・キングに扮して、何か新しい、卑猥で不可解な死を遂げるべく待ち構えていた。一方ヘンリー・キングその人は、運命のメカニズムのなかに隠れて、こっちのレバーを引き、あっちの紐を引っぱっていた。

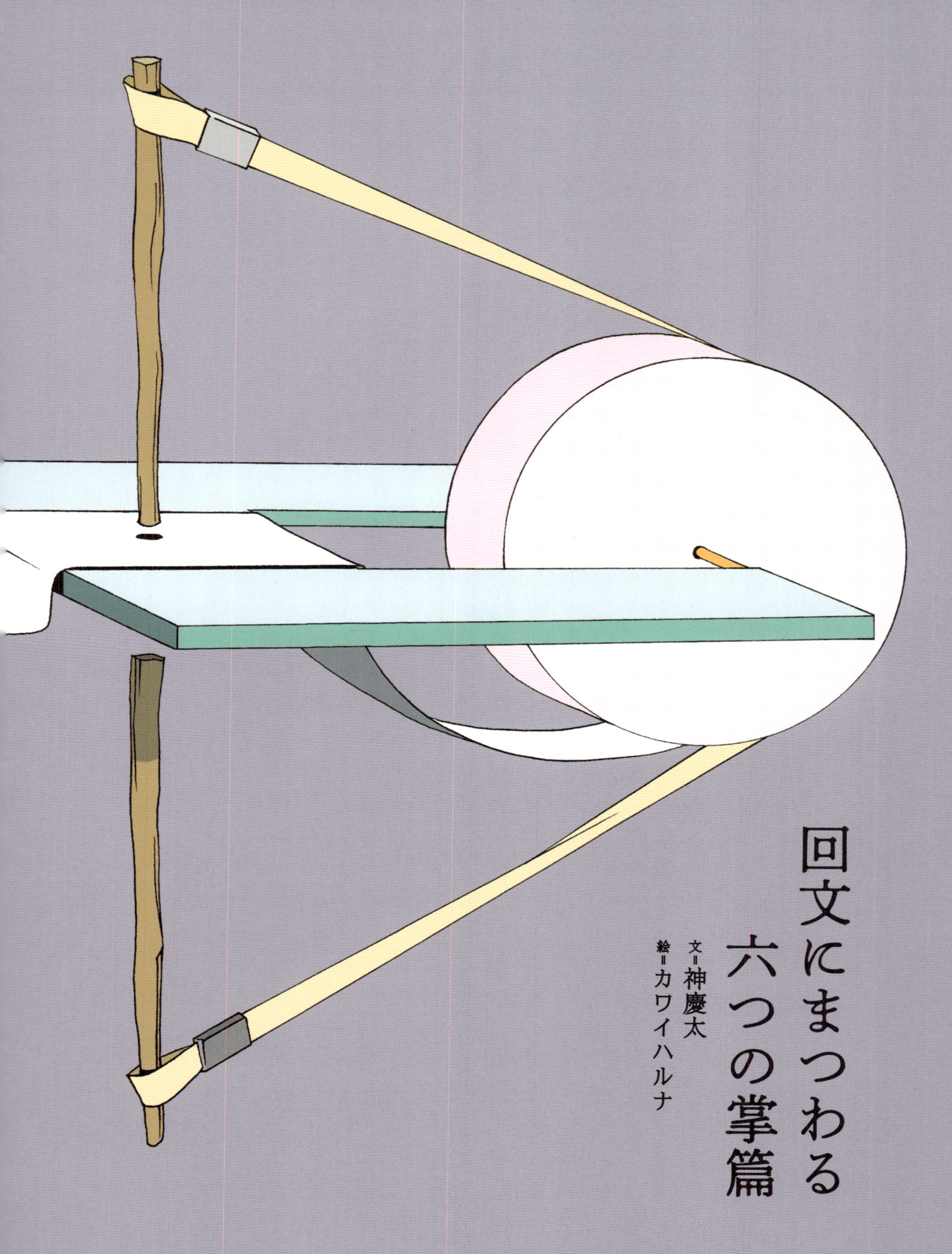

回文にまつわる六つの掌篇

文＝神慶太
絵＝カワイハルナ

道行く象男と王族一味

その日、沿道には、王族の人びとの行列を見ようと多くの見物客が群れをなしたが、しかし、肝腎の象男の身柄はといえば、分厚い板壁に覆われた車の中にすっかりと隠されていたのだったから、私たちがその姿を確かめることは、たとえ万が一にも出来ない相談だった。

なんでも鉛色をした太い蛇のような鼻が顔の真ん中からだらりと垂れ下がっているのらしい、と述べる者もいた。いや、そうではなく、顔全体が象そっくりなのだ、と言う者もいた。そんな人間がある訳はないのだから、せいぜい象のように巨大な図体を有しているというだけなのではないか、と推測する者も少なからずいた。しかし、大半の人間はそもそも象なる動物を目にしたことがなかったので、いったい車の中に押し込められているその生き物がいったいどのような容姿をしているものか、想像してみることすら叶わなかった。ただ、見たこともないような恐ろしげな姿をしたその怪物が、武勇の誉れ高い王族一味の手によって捕えられ、王宮までを護送されてゆくのだ、と人伝てに聞かされていただけだった。

騎兵の一団が、女官たちの乗った馬車が、そして、王族の人びとが乗せられた壮麗な輿が、次々と現れ、最後尾近くにまるで急場しのぎにでっちあげられたみたいな不細工なこしらえの、厚い板で覆われた車が、二頭の馬に牽かれて私たちの前を通り過ぎた。土埃を浴びて白茶けたその車の壁に誰もが目を凝らした。しかし、それは何の目立った動きを見せる訳でもなければ、怪しげな物音一つ発するでもなかった。私たちは呆（ほう）けたような顔をしてそれを見送るよりなかった。

その後、半年余りのあいだ、私たちは王宮の方角からもたらされる色とりどりをしたさまざまの噂について夢中になって話に花を咲かせたが、いつしかそれも先細りとなって途絶え、やがて一部の物好きを除いては皆、象男のことなど忘れてしまったようだった。

チタニウム食(は)む海胆(うに)たち

その海域一円がかつて広大な火山帯であったこと、そして今もなおそこらじゅうに冷えついた溶岩が、海水の中につねに微量の金属成分を溶出させつづけている、ということについては、既に多くの文献に示されている通りである。つまり、（いつと断言することこそできないものの）相当過去の時点から、それらの海胆たちが海中の金属を吸収し、自らの身体の一部とするという、その、きわめて特殊と言ってよい生理機能を有していたらしい可能性は高い。

とはいえ、海胆たちがよりいっそう積極的に己の身のうちにそれらの金属類を取り込みはじめたのは、先進国企業の進出によって沿岸に工業地帯が整備され、それに伴い、大量の廃液が無秩序に海へと垂れ流され、あるいは、種々のゴミや廃材が違法に投棄されるようになったこの二、三十年のことなのではないか、と考えられる。当初は、自らを覆う殻と棘とにそうした金属を供給し、それらをより強固なものとする、ということが目的であったのに違いない。しかし、今や、私たちが苦労してその硬い殻をこじ開けてみると、黒色をした顆粒状の金属成分が内部の組織全体にびまん性に沈着し、細かな斑点模様を呈している、ということすら珍しくない。私たちが通常食用として親しんでいる生殖腺にもまた、その小嚢構造に沿うようにして網目状に、銀黒色をした微細な金属繊維が走っているのを、しばしば目にすることができる。

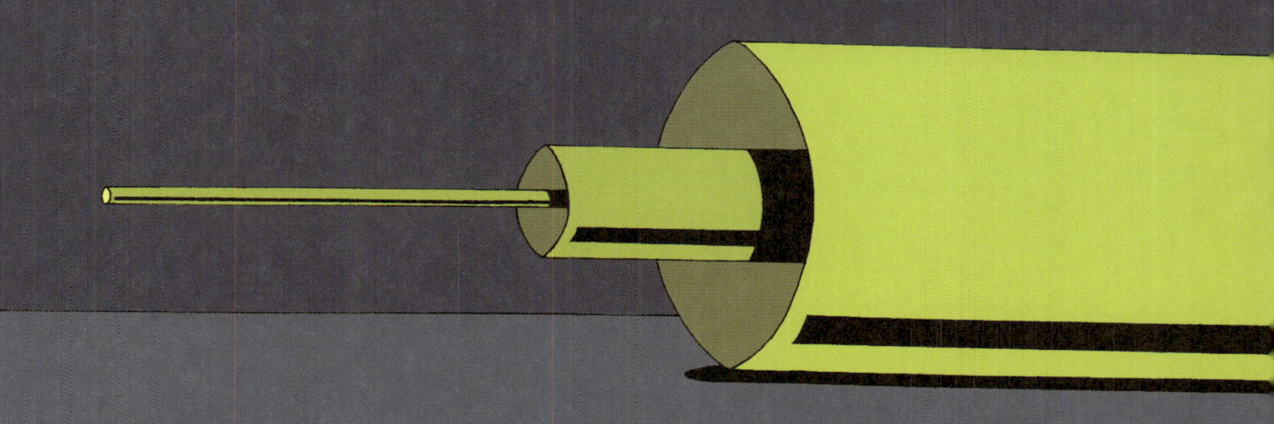

夜、睡蓮、コスモス、婚礼するよ

花たちの婚礼は大概が深夜、ほとんどの人間が寝静まった時間に行われるようだ。しかも、彼らは花粉に乗せられた彼ら同士にしか通じない暗号を用いて互いの意思を確認し、あるいは誓いの言葉を唱え、その無節操に地中に伸ばされた根や地下茎を介して祝辞を送り、また謝辞を伝え返している、というのだから、それがごくかぎられた勘の鋭い人間にしか気づきえないものであるのも致し方のない話だろう、と思われる。

知らない顔のものを飼い馴らし

それは見るからに奇妙な顔をしていた。いや、そもそも、その物を顔と呼んで良いのかどうかすら、よく分からなかった。ただ、通常の動物においては顔があるであろう筈の位置にその構造物が存在しているために、おそらくそれは顔なのだろう、と暫定的に判断を下しているのに過ぎなかった。全体の形と言い、その中に据えられた各要素の形状や配置と言い、どのように言葉を尽くしても、けっして、その奇妙さをうまく説明できる気はしなかった。あるいは、いっそのこと、それは顔などではないのだ、と言ってくれれば、安心してその詳細を言葉に移し替えることもできたのかもしれない。

とはいえ、顔に関するそうした釈然としなさを除けば、それが非常に飼育しやすい生き物であるということに間違いはなかった。好き嫌いなく何でもよく食べ、ごく乾燥した小さな糞を一日に一度し、毛を洗ったり刈ったりしてやらずともそれはいつも清潔に保たれ、けっして近所迷惑となるような吠え声などは発さなかった。それはつねに私の従順な下僕であり、良い遊び仲間であり、あどけない幼子であると同時に寛容な親であり、寒い夜には同衾相手ともなり、あるいは私とそれとは、ある種の性的な色彩を帯びた肉体の交流を持つことさえ稀ではなかった。

その生温かい体に顔をうずめるとき、私はいつも安らいだ気持ちを覚えた。しかし、何かの拍子にふいにその顔（あるいはそれに類する、もしかすると顔であるのかもしれないその何か）をまじまじと目にしてしまったときには、私はしばしば、寄る辺ない不安な心持ちにさらされることになるのだった。

良い蛹、香りを嗅ぎなさいよ

蝶の蛹と一口に言っても、自然界にはじつにさまざまな種類のそれがある。ある種の蝶は、幼虫から変態する過程で自身の体から融け落ちた組織を発酵させることにより、エタノールを含んだ一種の酒類をつくることが知られている。とはいえ、多くの場合、それはひどい苦味や腐敗臭などを伴っており、とても賞味するに足るような味わいのものではない。ただし、幾つかの特定の樹木においてそれらの枝に蛹がつくられた場合には、ときに、非常にかぐわしい香りと、蜂蜜のような濃厚な甘味を帯びた、謂わば「名酒」を産生するものがあることが知られている。

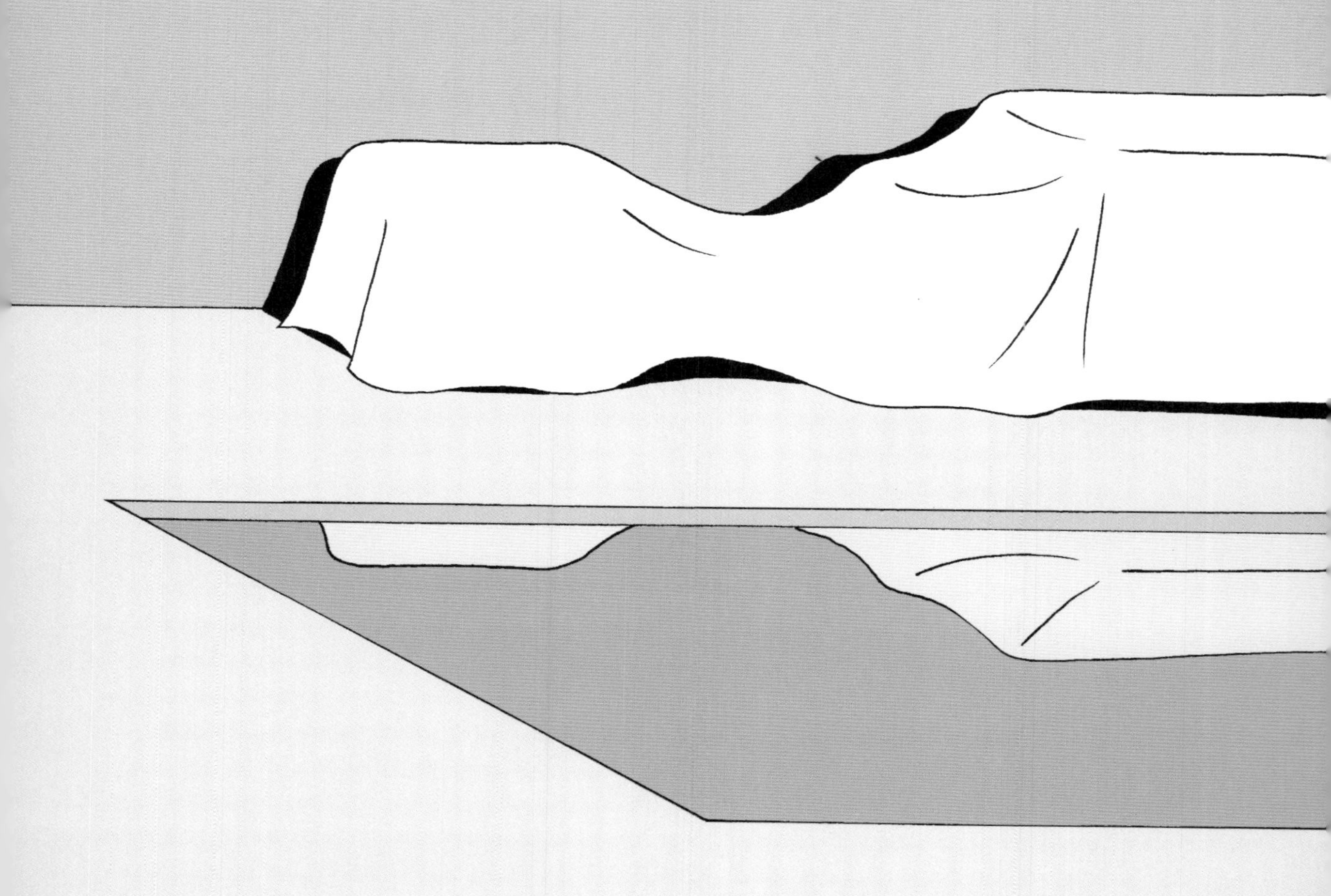

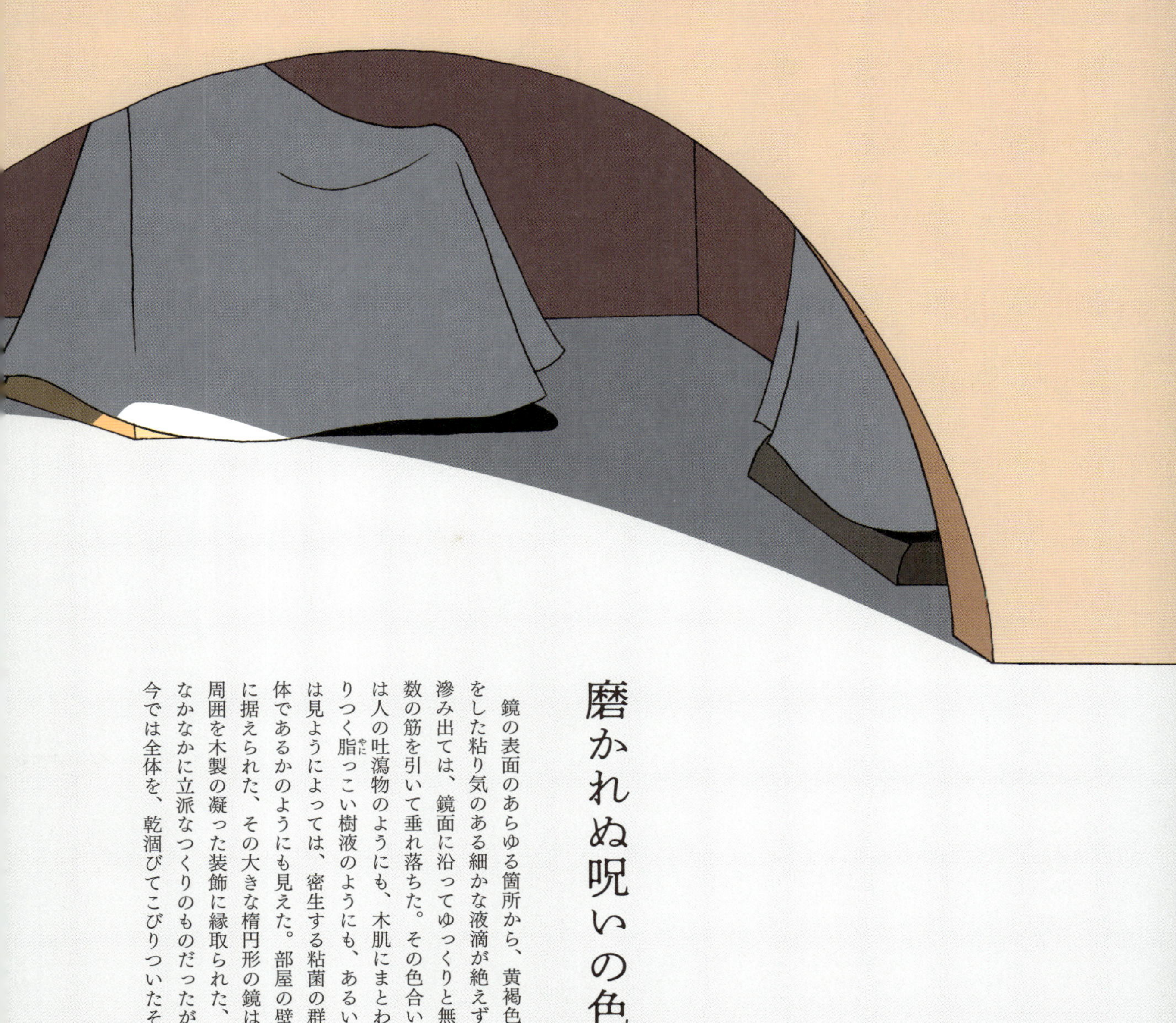

磨かれぬ呪いの色の濡れ鏡

　鏡の表面のあらゆる箇所から、黄褐色をした粘り気のある細かな液滴が絶えず滲み出ては、鏡面に沿ってゆっくりと無数の筋を引いて垂れ落ちた。その色合いは人の吐瀉物のようにも、木肌にまとわりつく脂っこい樹液のようにも、あるいは見ようによっては、密生する粘菌の群体であるかのようにも見えた。部屋の壁に据えられた、その大きな楕円形の鏡は、周囲を木製の凝った装飾に縁取られた、なかなかに立派なつくりのものだったが、今では全体を、乾涸びてこびりついたその粘液にすっかりと覆い隠されてしまい、鏡としてはまったく用を為さなかった。

　しかし、住人はけっして誰一人、それを拭き取ろうとはしなかった。彼らが汚れの拭い去られた鏡の中を覗き込んだそのとき、そこに写し出されるかもしれない光景を、つまり、おそらくは何十年も前のある日に、鏡が最後に己の体に写し取った、そして、そのままそこに焼きつけられてしまったにちがいない、あるおぞましい光景を目にすることを怖れて。

コントへ行く

9月20日　ピッツバーグ大学
リーナ・インサーナさんの授業にゲスト出演
きたむらさとし（絵本作家）、松田青子（作家・翻訳家）、
テッド・グーセン（日本文学研究者）、柴田元幸

9月21日　ピッツバーグ大学
日米作家の対話
松田×アダム・サックス（作家）、きたむら×ジム・ラグ（漫画家）

9月23日　トロント日本文化センター
日本・カナダ作家の対話
きたむら×ルイ・ウメザワ（作家）、松田×ヘレン・グリ（詩人）

9月24日　イーティヴ・フィルム・カフェ
朗読会
松田、グリ、ウメザワ、きたむら、グーセン、柴田

9月25日
グーセンの授業ゲスト出演
きたむら、松田、柴田

ピッツバーグとト

柴田元幸

本誌MONKEYの姉妹誌とも言うべき
英語文芸誌*Monkey Business* (A Public Space刊) 第7号は
2017年春に刊行され、5月にニューヨークで行なわれた
刊行記念イベントについては本誌13号ですでに報告したが、
今回は9月にピッツバーグ大学と
国際交流基金トロント日本文化センターの招きで、
両市でもイベントを開催することができた。

絵＝きたむらさとし

いつもはたいてい、柴田が知っている／訳している北米作家のなかから、日本人作家と合いそうな人を選んでイベントを組むのだが、今回はピッツバーグとトロントの皆さんに地元作家から選んでもらったところ、これが実にうまく行った。ピッツバーグのメグ・テイラー（*Monkey Business*編集者）、チャールズ・エクスリー（ピッツバーグ大学）、トロントの日本文化センターの皆さんのおかげである。アメリカ・カナダ側の参加メンバーを紹介すると――

アダム・サックス (Adam Ehrlich Sachs)　父と子の短い物語を百点以上収めた*Inherited Disorders: Stories, Parables & Problems*で二〇一六年にデビュー。一段落で不条理な世界をきっちり浮かび上がらせる手腕が松田さんと共通しているし、かなりヘンテコなユーモア感覚も大いに通じるところがある。

ジム・ラグ (Jim Rugg)　ホームレスの女の子を主人公とする*Street Angel*が代表作だが、とにかくありとあらゆるスタイルの漫画を描ける、深い漫画愛に貫かれた人である。古い新聞漫画の話をはじめ、きたむらさんとも大いに盛り上がっていた。

ルイ・ウメザワ (Rui Umezawa)　日本の民話を素材に、登場人物の心理を現代風に書き込んだ物語の並ぶ*Strange Light Afar* (2015) が近作。日本の漫談にも通じる「語り」も披露してくれた。

ヘレン・グリ (Helen Guri)　詩集*Match*で二〇一一年にデビューした詩人。この人の微妙にアイロニカルな語り口は実に面白く、微妙に戦闘的な（だが威嚇的ではない）ところが松田さんの作品とも響きあう。たとえば、二〇一五年に出した詩集について本人はこう自注する――「『涙の滝が来る』は大半の文脈から見れば他人を操作するために誰かが大泣きしようとしていることへの非難である。だが、現実をちゃんと見ている人間であればみんなつねに大泣きしているべきなので、このような操作は実は存在しないと思う。したがって、そうは見えないかもしれないけど、私はこのタイトルを通して誰も非難してはいないし、ましてや自分を非難する気もない。私はあくまで、水をめぐる一連の作品を書いたのであり、それらをストレートに差し出したいと思う」（拙訳）。

以下のページでは、全員が翻訳者として学生たちの質問に答えた九月二十日の記録と、イベントでも朗読されたアダム・サックス、ヘレン・グリの作品、きたむらさんの「巻物紙芝居」に加えて、サックス作品に対する「返答」として松田さんが新たに書いてくれた掌篇を掲載する。

翻訳者は語る
——きたむらさとし、松田青子、テッド・グーセン、柴田元幸

リーナ・インサーナ（**ピッツバーグ大学　イタリア・フランス文学**）　今学期、このクラスではイタリア文学を中心に翻訳について考えています。なので、ダンテの『神曲』地獄篇をヤングアダルト向けに「翻訳」した詩人ジョン・エイガードの *The Young Inferno* にさし絵を描いた——というよりは詩を絵に「翻訳」した——きたむらさとしさんをはじめ、翻訳者四人の方においでいただきました。

松田青子　私は作家で、これまでに短篇集を四冊出しています。翻訳者としてはカレン・ラッセル、アメリア・グレイといった素晴らしいアメリカの作家を訳しています。

きたむらさとし　僕はふだんは絵本を作ったりイラストを描いたりしています。ジョン・エイガードとは何度も一緒に仕事をしています。これがじきに出る新刊です（*The Rainmaker Danced*を見せる）。

柴田元幸　僕は元々アメリカ文学の翻訳者ですが、二〇一一年から、日本文学を中心とする英語の文芸誌をテッド・グーセン、メグ・テイラーと作っていて（*Monkey Business* 第七号を見せる）、松田さんの作品の英訳や、きたむらさんが英語で書いてくれた作品などを載せています。

テッド・グーセン　日本文学を翻訳しています。単行本ではなく雑誌で現代文学を紹介することの利点は、日本でよいものが——特に『ＭＯＮＫＥＹ』で——出たらすぐ訳して出せること。タイムラグは一年以内です。単行本ではなかなかそうは行きません。

　でも私たちは古典も載せます。漱石は何度か掲載しました。モトが訳しているアメリカやカナダの作家の未発表作品を載せたりもします。

インサーナ　皆さん違うタイプの翻訳者なのですね。学生たちからいろいろ質問してもらいましょう。

——皆さん、日本語から英語、英語から日本語、の両方をなさるのですか。

グーセン　基本的に、自分の母語に訳しています。

柴田　だから僕が日→英をやる場合は、誰か——たとえばテッド——に推敲してもらう必要があります。

——翻訳というのは全部一人でやる作業なんでしょうか、それともチームでやるものですか？

柴田　どんな場合でも編集者はいるし、たいていは校正者もいます。僕の場合はまず妻が読んでガンガン批判します。

きたむら　うちもそうです。絵本作りでも、編集者の口の出し方はイギリスとアメリカで違いますね。僕はイギリスで長年やってきたので、アメリカのやり方にはときどきとまどいます。アメリカ人の方がジョークを説明したがるんですね。でもそれではジョークにならなくてつまらない。だから小さなジョークでは妥協して説明を加え、大事なジョークはそのまま残す（笑）。イギリスの方が言葉に対しては繊細ですね。絵については案外そうでもなかったりするけど（笑）。

——たとえば同じ五歳の子供でも、イギリスとアメリカ、あるいは日本では感じ方が違うんでしょうか。

きたむら　それは実はよくわからないですね。編集者の感じ方が違うだけかも（笑）。

柴田　言語によって、言えることはけっこう違いますよね。英語では“I know what I'm saying”（自分が何を言っているかはわかっている＝いい加減に言ってるんじゃない）って五歳でも言えると思うけど、日本語ではなかなか言いづらい。

インサーナ　自己表現に関する文化の規範の違い、ということになるでしょうか。

柴田　時には単なる偶然に思えることもあります。翻訳についてよく言われるフレー

THE YOUNG INFERNO
JOHN AGARD
SATOSHI KITAMURA

ズで"Traduttore, traditore"（翻訳者は裏切り者）というイタリア語があるけど、これはイタリア語だとたまたま二つの語が似通っていてフレーズとしてサマになるから世界中で使われているだけで、別にイタリアには裏切り者の翻訳者が多いわけじゃないですよね。

――みなさんもともと翻訳というフィールドから始められたんでしょうか、それとも最初は別のことを？

松田　私は小さな頃からずっと「作家か翻訳家」になりたかった。中学時代の文集にそう書いていましたね、「作家か翻訳家」と。だから夢が叶ったという感じです（笑）。

――そのためにどういう訓練を？

松田　高校時代アメリカに二年間留学し、大学では英文学を専攻しました。翻訳学校にも何年か通いましたが、そこは実務翻訳の授業しかありませんでした。文学の翻訳がやりたかったのですが、狭き門だとわかっていたので諦めていました。IT企業に勤めて内部翻訳の仕事をしていたのが、私にとって最初の翻訳経験です。作家になってから、私が普段そういう仕事をしていると聞いた編集者が、何か訳したい本はありますかと言ってくれたので、カレン・ラッセルをどうしてもやりたいと伝えたところ、幸運だったことに実現しました。

グーセン　アメリカの田舎で育ったので、一緒に遊ぶ子供もいなかったから、小さいころから本が好きになりました。それで大学で英文学を専攻したら、本を読む楽しみを台無しにされる気がして（笑）、文化人類学をやりました。それから交換留学で日本に行って、日本文学を学びはじめた。でも最初から翻訳をやろうと思ったわけではありません。そんな自信はなかったです。何しろ最初の漢字を覚えたのが二十五歳のときで、翻訳者というのは若いころから完璧にバイリンガルじゃないといけないと思っていたから。でもだんだん翻訳の技術を身につけていって、いまでもまだ進歩していると思います。何事であれ、六十過ぎて自分がもっとよくなれると思えるのは素敵なことです（笑）。

――きたむらさんはどうやって絵本作家に？

きたむら　友だちに頼まれてイラストを描きはじめましたが、そのうち人の物語に絵をつけたり、自分で物語も書き絵も描いたりするようになりました。

　イラストを描くのは翻訳と少し似ています。まずテクストがあって、それを読んで、視覚に翻訳する。いわゆる翻訳より主観的ですが。

――イラストも翻訳だとおっしゃいますが、ひどい「誤訳」をしてしまったことはありますか？

きたむら　幸い特にないですね。まだ英語があまりできなかったころに――よく任せてくれたと思いますが――イギリスの有名な詩人ロジャー・マッゴフの詩集に絵をつけるよう依頼されたのですが、「60～70パーセントの詩に絵をつけてくれればいい」と言われて助かりました。どうにか理解できる詩が60～70パーセントくらいだったから（笑）。

インサーナ　翻訳するためにはどのようなリサーチをしますか。

松田　カレン・ラッセルを訳したときには、ニュアンスがよくわからないセンテンスがいくつもあったので、英語が母語の友人たちに訊いてみました。でも、みんな言うことがずいぶん違うんですね。英語ネイティブのあいだでもこれだけ違うんだから、いわゆる「正解」があるとは限らないんだと実感できて嬉しかったです。

チャールズ・エクスリー（ピッツバーグ大学日本文学）　ダンテの英訳はいくつもあって、翻訳同士のあいだにある種の対話が感じられます。極端な場合、翻訳者がイタリア語を読めず、既訳をいろいろ見て、新しい訳を作ることもあります。きたむらさんもエイガードの*The Young Inferno*に絵をつけられて、自分がそういう対話の一部だと感じましたか。

きたむら　僕の場合はダンテやダンテの旧訳まで戻る必要は感じなかったです。エイガードの文章をきちんと読み込むことがとにかく大事だと思いました。

グーセン　原文が当時の口語のイキのよさを伝えているのであれば、「対話」すべきはむしろ現代の口語かもしれませんね。原文の雰囲気を尊重しつつ、いまある口語の生命感のようなものも生み出さないといけない。だからつねに新訳が必要とされるんですね。

――英語版*Monkey Business*の七号には、シカゴ大のマイケル・ボーダッシュさんによる夏目漱石「夢十夜」の新訳が載っていますね。既訳はイギリス人のものですが、英米の違いというのはあるでしょうか。

柴田　我々の視点からは、「よい訳」と「もうひとつの訳」の違いです（笑）。

――松田さんは作家でもあり翻訳者でもあるわけですが、訳す作品はどう選ぶのですか。翻訳は創作にどう影響するのでしょうか。

松田　純粋に大好きな作品を選んでいますが、この作品は自分が訳すと何かいい効果が生まれるのではないかと、勘違いかもしれないですが、どこか信じられる作品かもしれません。翻訳作業をしていると何度も同じ作品を読むことになるので、作者の情熱や技術に細かく気づくことができ、その過程に作家としてとても奮い立たせられます。私にとって翻訳は愛の行為です。愛しているものしか訳さないです。

（二〇一七年九月二十日　ピッツバーグ大学で）

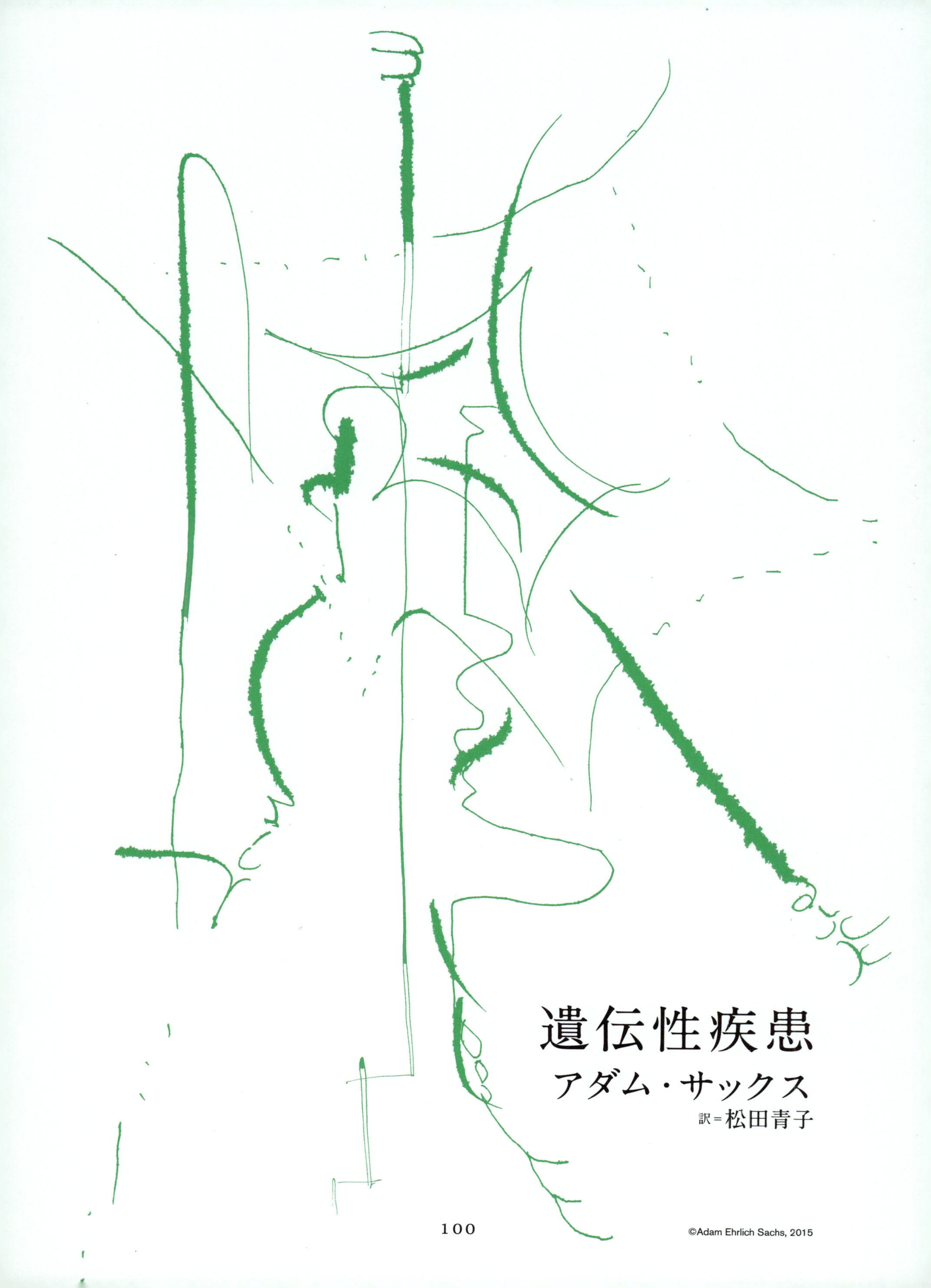

遺伝性疾患

アダム・サックス
訳＝松田青子

労働者の拳

一九〇二年、ゴム製品で財を成したモーゼズ・フレンケルは、会社のカタログをつくらせようと息子に大金を託した。父のあずかり知らぬところで無政府主義者の道を歩みはじめていたアイザック・フレンケルは、根っからの資本主義者でありながら人道的かつ情け深く、工員たちにも愛されている父親に対して、極めて相反する思いを抱いていた。アイザックは金を使い込み、『労働者の拳』と題された無政府主義の大判新聞を刷った。アイザックの相反する思いは、しかしながら、文章の中に染み込んでしまったにちがいない。『労働者の拳』をじっくりと読み込んだ父親が、「素晴らしいゴム製品カタログだ」と息子を労い、こう結んだからだ。「心に訴える詩的な題名だな。でかした、でかした」

拉致事件

先週、チュニスの過激派グループに拉致されたチュニジア人活動家の父親が、息子の身代わりを買って出た。過激派グループの父親たちは過激派グループの身代わりを、事件を取材している報道記者たちの父親たちは報道記者たちの身代わりを買って出た。チュニジア政府高官たちの父親たちは政府高官たちの身代わりを、チュニジア軍司令官たちの父親たちは軍司令官たちの身代わりを買って出た。チュニジア中でチュニジア一般市民の父親たちが息子たちの身代わりを買って出、その父親たちへの連帯を表明して世界中の父親たちが息子たちの身代わりを買って出た。事件の解決には役立たず、当事者の年齢が三十歳ほど上になるだけのこれらの申し出は、一様に断られ続けている。

アルゴンキン語方言における動詞変化

一九一八年、ドイツ系アメリカ人の偉大な人類学者フランツ・ボアズの次男は、父が編集長を務める『アメリカ言語学会国際年報』に、マニトバ州北部区の、彼が言うには現在では三〇〇人の話者しかいない言語の文法解析を投稿した。それによると、この言語の興味深い特徴は、動詞が時制ではなく、話者とその父親との位置関係においてのみ語形変化する点にある。たとえば、「私はカヌーから積み荷を運び出します（父は私の右手前方にいます）」、「空が雪を降らす（父は私の左手後方にいます）」など。「話者は恒久的な現在に生きており」とボアズの息子は結論づけた。「物事の起きた順序を意識することも、それに関心を見せることもないが、父親との位置関係には極めて敏感である。左手に父、右手に父、前方に父、後方に父、対角線上に父、といった具合に」

息子のことを心配したフランツ・ボアズはニューヨーク発の始発電車に乗った。父の知るかぎり、息子はマニトバ州北部ではなくボストン近郊に住んでおり、具体的には知らないが言語に無関係であることは確かな事業に携わっていた。日暮れどきには父は息子のアパートに到着した。部屋は慌てて引き払われた形跡があり、ほとんどもぬけの殻だったが、開いたままの日記が床に落ちていた。最後の三文はこう読めた。「父さんが接近中」、「父さんが接近中」、そして「右手後方に父さん」。

深い悲しみ

サンアントニオ動物園の来園者は長きにわたって、サムソンの悲しい姿に心を揺さぶられてきた。この老いたアフリカゾウは、巨大なトラクター用タイヤを一日十四時間あまりぐるぐると囲いに沿って押し続け、その間ずっとうなり声を漏らしている。

サムソンは何年も前に別の動物園に移された息子のことを悲しんでいるのだ、という噂が広まった。

担当の飼育員たちは、サムソンには子どもなどいたためしがなく、単純に生活環境が原因で錯乱状態に陥ったのを知っていたが、かくして決断を迫られた。サムソンがうなり声を上げトラクターのタイヤをぐるぐる押し続けているのは錯乱状態にあるからだと明かすか、すべては深い悲しみのせいだと市民が信じるままにしておくか。

言うまでもなく、後者が採用された。サムソンの囲いのそばに、ゾウは並外れて家族思いの動物です、という看板が打ちつけられさえした。

噂はどうやら本当だったらしい。ゾウの囲いには以前よりさらに多い来園者が集まるようになった。彼らはサムソンの周りに群がる。サムソンはうなり、巨大なトラクター用タイヤを押す。「息子を失って深い悲しみに暮れる父親」と来園者は考える。生のあらゆる側面によって心を壊された独り者に過ぎないとはつゆとも思わず。

ハーフェル川の記念碑

ヴァン湖に近いハーフェル川で氷が割れ、将来を嘱望されていた表現派詩人でもあった若き有能な弁護士ハイムが溺死した。悲しみに沈んだ父親と苦悩に包まれた友人たちは、彼を追悼してハーフェル川の岸辺に銅像を立てるべきだという思いを同じくしたが、どんな銅像にするかは意見が割れた。前面に出すべきは、父の望む弁護士としての功績か、それとも友人たちが望む表現派詩人としての功績か？　結局、両者は歩み寄った。彼らは、熱弁を振るっているハイムらしき若者の銅像を注文し、ハーフェルの川辺に設置した。詩を朗唱しているのか、法律的な主張をしているのかは、見物人に委ねられた。

ところが、ハイムの死の二周年にあたる日、悲劇の現場であるハーフェル川湾曲部に集まった友人たちは、彼の父親が川の中程、銅像の前から四メートル半のところに、法廷に座した裁判官の姿をした二つ目の銅像を設置したことを発見した。これにより、第一の銅像が詩の朗唱をしているという可能性は事実上断たれ、法律的主張をしているところであることに疑いの余地はなくなった。

全員が表現派詩人である友人たちは怒り狂った。彼らはボートで川に入り、裁判官の銅像を倒し破壊しようとしたが、御影石でできていたので、壊すのは不可能に近かった。結局、彼らはなけなしの資金を出し合い、新たに三つの銅像を注文した。まず、ハイムの銅像から二メートル弱離れたところに座って聞き惚れている様子の、一目で詩のファンだとわかる二つの像。そして彼らのすぐ後ろ、背中合わせに、裁判官に何事か訴えかけている初老の弁護士。今やハイムの銅像は、少数ながら熱心な観客に向けて詩を朗唱しており、そのすぐそばの浅瀬で、まったく関係のない法律的主張をどこかの弁護士が裁判官に訴えていた。

これらの御影石の銅像はやはり動かすことも壊すこともできなかった。もはや父親にできることといえば、一つ目の銅像と二人の腰かけた詩のファンの間にもう一人の詩人の銅像を設置し、ファンが聞き入っているのは彼の息子ではなく、そっちの詩人であるように見せ、同様に新しい弁護士の銅像と裁判官の間に太った女性と犬の銅像を設置し、弁護士が語りかけているのは裁判官ではなく、彼の太った妻と忠実な犬であるように見せることだった。裁判官の銅像の台座には、彫刻家にこう彫り込ませた。「静粛に！　法廷弁護士ハイムくん、続けなさい」。これにより、息子の口頭弁論が、即興の詩の朗読と、初老の弁護士と彼の妻および犬との突然の面会によって中断されていたことがほのめかされた。

さんざん考えたすえ、友人たちは、片手でハイムを指差し、もう片方の手で初老の弁護士を指差しながら、裁判官の方を向いている法廷職員の銅像を注文した。台座に彫られているのは、「どちらのハイム氏ですか？　お二人ともお名前がハイムです」。けれどほとんど間髪を入れず、ハイムの父親は初老の弁護士を指差す二人目の職員の銅像を設置した。台座には、「いや、この人はヴルムバッハー氏ですよ」。ここに至り、すっからかんとなった表現派詩人たちは、負けを認めざるを得なかった。彼らは思い知った、ハイムの父親の財産は無尽蔵なのだと。息子の功績を死守するためなら、父親はそのすべてを費やすのも辞さない。

この物語に関わった者は一人残らず他界し、おおむね忘れ去られた。しかし一九七〇年代に、ベルリンの、当時はデヴィッド・ボウイも交友関係にあったコンセプチャルアーティストたちのサークルが、この感情的で非合理な御影石の銅像の一群を再び見出した。そこは聖地となった。一九九二年、ベルリンとハノーファーを高速鉄道でつなぐため、銅像を取り壊してハーフェル川に橋をかけるとドイツ政府が発表した際も、数多くのアーティストが抗議した。この十体の、馬鹿げた、見苦しい銅像たちはドイツ・モダニズムの遺産にほかならないと彼らは声を上げた。しかし銅像たちは取り壊され、今日ではベルリンからハノーファーまで一時間半で行くことができる。これにはアーティストたちも文句はない。

父と背中

松田青子

子どもは父の背中を見て育つと言われているが、この父は自分の背中を子どもに見てほしくなかった。見られていると考えるとプレッシャーを覚えたし、自分の背中が息子に何か押しつけるのではと負担に感じた。自分の気づかないところで、背中が息子に語りかけるようなことは避けたかった。

息子はすくすくと成長していく。父は息子に背中を見せないよう細心の注意を払った。赤ん坊から背中を隠すのは簡単なことだったが、息子が歩くことを覚えてからは、父は息子の動きに合わせて、体をくるくると回転し続けることになった。父は後ろ歩きや横歩きを極めた。そんな父の姿が面白かったのか、息子はきゃっきゃと笑った。

父は家の中ではできるだけ壁側に陣取り、ぺたっと背中を壁に貼り付けるようにして生活した。父と息子がお風呂で背中を流し合うなんてことは、この家ではあり得ないことだった。

息子が小学生のときにつくったねんど細工の父は、まるでジャコメッティがつくった犬や猫の彫像のようだった。ジャコメッティは正面からしか犬や猫をじっくり観察したことがなかったので、彼がつくった彫像は顔だけが肉付けされ、体は針金のように細かった。中学校の遠足で訪れたさびれたテーマパークで、つくりものの外国の家並みを息子は見た。パネルにはカラフルな家の正面が描かれていたが、後ろは木の枠で支えられていた。帰ってきてから感想をたずねられた息子は、「うん、お父さんみたいだった」と答えた。息子は蟹を見て父を思い、ぬりかべという妖怪を見て父を思った。

俺の背中を見ないでくれと父は息子から逃げ惑い、息子に背中を見せないためならなんでもやったが、親子の仲は特に悪くなかった。息子を抱きしめている間だけは、父は息子に背中を見られる心配から解放されたので、息子は父に抱きしめられ、抱きしめられ、育ったからだ。

悪ふざけ
——愛を探すいくつかのポーズ

ヘレン・グリ

訳＝柴田元幸

アル・パーディについて知られている全事実――トロントのクイーンズ・パークに彼の銅像がある／庶民の詩人」と呼ばれた／銅像は「地の声（ザ・ヴォイス・オヴ・ザ・ランド）」と呼ばれている。私は彼の詩をたぶん十二篇くらい読んだ。それらの詩の率直さと、素朴な描写が私は好きだ。どう見ても高ぶりすぎの感情が、単純な真実のうしろから年中噴き出してくる感じもいい。女性蔑視のところ、人種差別的なところは嫌いだ。もしかしたらそれは、私の祖父が二人とも、私が生まれる前に亡くなったからかもしれない。タバコ臭い息を吐く白人の老人に対する愛情、彼らがその息を吐きながら口にする言葉に対する愛情を育む機会が私には一度もなかった。そういう老人を、私は一度も愛したことがない。

　アルは妻のユーリスと二人で、一軒の家を所有していた。オンタリオ州の山の中にある、大きなヒマラヤスギ造りのA字形の家だ。この家は現在、作家を滞在させる宿舎となっている。地所の端に湖があって、何もかも木で出来ていて、いかにも山荘という趣。彼がユーリスと二人で建てて、子供一人とともに暮らした。彼らは貧しかった。アルが亡くなると、人々は資金を集めて家を買いとり、修繕し、いまは詩人をそこに滞在させ、月二五〇〇ドルを支給する。これだけもらえればアル本人も喜んだのではなかろうか。あるいは有名になってから、そのくらいもらっていた時期もあるのだろうか。私はほんとに何も知らない。

　二〇一五年十月から十二月にかけて、私はその額を支給されてアルの家に住んだ。この地位が私に与えられたのは驚きだった。応募書類に並べた嘘を誰かが信じるなんて思ってもいなかった。わたくしは詩人としてのキャリアを通じ、一貫してこの白髪を風になびかせた男性の影に包まれて詩作に励んできたのであります。二つの言葉がたがいにぶつかり合うその響きをめぐって熱い思いに浸るとき、私は酒場で殴りあいを始めるのです。私は庶民のひとりなのです。そうなのです。私はひとりの個人です。とか何とか、文字どおり言ったわけではない。そういうことをほのめかしたのである。

　私はひとつの決意をもって滞在を始めた。この家に住むあいだ、アル・パーディについて極力何も学ぶまい、という決意である。すでに知っている数少ない事実の純粋性を保ち、この贈り物によってそれを損うまいと思ったのである。自分の精神が、知的職業人のそれらしく自由であることを私は望んだ。申請時には嘘をついたが、これからは正直者の道を歩みたかった。私は本来、アル・パーディに大きな興味を抱く類の人間ではない。私の性格としては、むしろ彼の富に興味がある。何だか皮肉な話と思われるかもしれないが、実は私もそう思う。それが真実である。

　資金を集めて家を修繕して作家滞在プログラムを運営している人々は、すべてアルのためにやっているかのようにふるまっていたけれど、本当は私のためにやっていたのだ。信じられない話である。彼らはテラスの石を剝がし、木の床を剝がした。岩の位置を変え、石造りの煙突を作り直した。手の込んだオードブルを用意して、金持ちの人々や、オードブルを食べるために金持ちのふりをしている空腹な人々に食べさせた。私はそのオードブルを見ていないので、想像するしかない。それらのオードブルも私のためだった。

　時おり不正直にはなるけれど、私は感謝ということも知っている人間である。与えられたのがグウェンドリン・マキューエンの家でないことを不服に思うとか、ディオンヌ・ブランドの、本人がまだ

© Helen Guri

© Danny Waugh

Al Purdy and Tom Marshall

住んでいる家でもなく、ニコール・ブロッサールの、本人がまだ住んでいる家でもなく〔本文で言及される作家はプルーストとD・H・ロレンスを顕著な例外としておおむねカナダ・アメリカの詩人・作家〕、あるいは私の友人のAとAとDとEとJとLとNが全員永久に時間の外の世界に連続コメディみたいに住める家でもなく、あるいは私自身の家でもないことを不服に思うなんてことは考えもしなかった。というか、まあ時おり考えたことは認めよう。考えたときは、こんなところにいないでどこかで自分で家を建てているべきじゃないかと思った。Nと私は建築について思索的会話を行なった——高さはどれくらい、窓の数は、どんな眺めか。どこの国か。グウェンドリン・マキューエンは家を所有するようなタイプではなかった。彼女が主として所有したのはアイライナーである。鳩たちにぴったりの小さな公園に、彼女の小さな銅像がある。

私もだんだん銅像に変わりつつあった。ある意味では、それが人々の注文だったとも言える。彼らは私にそこにじっとしていさせるために金を払ったのだ。こういう肉体の遇し方は、なかなか寒い。それにもちろん公式の熱源もなかった。暖炉は薪を大量に消費し、薪はおおむね存在しなかった。あるいはまだ緑だった。湿っていた。でもこの家の中にいるのは楽しかった。私は狂人のように詩作に励んだ。肩を痛めたくらいだった。秋の山の中へ長時間のジョギングに出かけ、馬たちの前を過ぎ、トウモロコシ畑の前を過ぎた。ジョギングというのは嘘だ。でも馬というのは本当だ。私は甘美なくらい寂しくなった。あちこちに大きな窓があり、たいていはカーテンがなかった。夜になると、鏡に映った自分を相手に烈しいダンスを踊った。その際いちばんぴったりだった歌は、狼男をめぐる歌である。そのうちやっと、隣の住人が自己紹介に来た。中年後期の男である。その男が発した言葉は、「寒くなったら、こっちにいつも暖かいベッドがあるぜ」だった。

決意を守り抜くには困難な環境だった。私は情報に囲まれていたのである。椅子の中にも、カップの中にも、本の中、かけられないレコードの中、レコードをかけるための壊れている装置の中にも情報はあった。誘惑的と言うほかない。感謝に思う気持ちゆえに、私は誘惑に対し弱くなった。時おり座って、ブランデーの入ったお茶を飲んで、ぼんやり壁を（詩を収めた額縁や新聞の切り抜きや無作法な蜘蛛の巣が並んでいる壁を）眺めていたい——そんな欲求のせいでますます誘惑に弱くなった。ここは狡猾にやらないといけない。毎朝、本があふれている本棚の前を、神話の人物みたいに何にも触らないよう気をつけて歩いた。窓辺のテーブルに座って、自分で持ってきた本を読んだ。モーガン・パーカーやバーナデット・メイヤーやアイリーン・マイルズやアリ・ブライズやフレッド・モーテンやリズ・ハワードやジュリアナ・スパーやリアン・ビタサモセーク・シンプスンやマルセル・プルースト等々の本だった。どれもとても滋養に満ちた本だ。夜になると、私はときどき幽霊が怖くなった。絶対にうしろをふり返らなかった。

大勢の人が訪ねてきた。女たち——うち一人か二人は私が熱く恋している相手だった。男たちも何人か——うち一人はやがて私の恋人になった。彼らはみんな頭がよくて、何もかもに魅了された。本棚を見て、発見したものを私に見せたがり、ＹｏｕＴｕｂｅでいろんなものを見つけては「わっすごい、ねえこのクリップ見てみなよ」と言った。この家は大半ユーリスが建てたのだと彼らは私に言った。D・H・ロレンスの胸像を指して、これはD・H・ロレンスの胸像だと彼らは私に言った。私は聞かないよう努めた。私たちはD・H・ロレンスの頭にヘッドライトをつけた。

それから今度は巡礼者たちが来た。彼らはある日、一台の車に乗ってやって来た。全部で九人。彼らはあたかもアル・パーディに会いに来たかのようにふるまったが、本当は私に会いに来たのだ。彼らがあちこちじろじろ見るのを、私は放っておいた。一人はアル・パーディが遺した、可憐な金髪がどうこうという言葉を刷ったきれいな活版刷りを壁にピンで留めた。それが釣りのルアーみたいに壁にぶら下がり、キッチンテーブルから読めそうで読めなかった。

　私の体に何かが起きはじめていた。それは思春期の変化みたいな、私の意志を超えたものだった。ある日鏡を見てみると――そしてこの滞在先にはいたるところに鏡があった――チェックのシャツ、ブーツカットのジーンズ、枝が一本刺さった短いくしゃくしゃの髪が目に入り、自分がまるっきり男役(ブッチ)に見えることを私は悟った。これまでずっと、私はおおむね、女性的だったのである。

　子どものころから、男の格好をするのは好きだった。遊びで、ハロウィーンのときとか、あるいは馬がいたりする、安全に仕切られている人生の小さな一画で。実は馬を中にとじ込めているのは、何とたったひと撚(よ)りの糸だったりするのだけど。

　私はジョークも好きだし皮肉も好きだが、そんなものは存在しないことも知っている。ジェスチャーとは立派な行為である。ゲームは実人生である。詩人の滞在先とは人生を生きる場である。私は何枚も写真を撮ったが、そのひとつの説明は、私がアル・パーディの家に住んでいて、月が満月で、私がアル・パーディになりつつあったということだ。

　何事もそうだが、これもまた共同で進められたプロセスであった。美しい訪問客たちと一緒に、私はポーズをとって写真に写った。それらは過去に――私たちが招かれなかった過去に――撮られた写真みたいだった。私たちの姿勢には限界があった。それは私たちの肉体と、私たちが真似ている肉体に伴う限界だった。私たちは笑い死にした。現在、クイーンズ・パークには私の銅像がある。

　私は何がしかを学んだ。そのつもりはなかったのだが。アル・パーディは一個の肉体であった。彼は謎めいた、への字に曲がった笑みを浮かべ、右の腰をかばうように動いた。きっと前に傷めたのだろう。シャツを着るときは、そういうときはあまり多くなかったが、ボタンは四つはめないままだった。彼は家族とともに、自分の時代、自分の場所に生きた。夏だった。誰もが招かれたわけではなかった。彼の髪は、つねに頭から逃げ出そうとしているみたいにふるまった。彼はポテトチップスが好きで、ひょっとするとハム・ソーセージの類も好きだったかもしれない。どちらにせよ、それを恥じてはいなかった。彼はその食べ物をカメラに向けて掲げて見せた。彼はそういうのが得意だった。彼はそれを友人や家族と一緒にやった。私もやった。人間みんなそうだ。自分の環境の中で私は自由であろうとした。その環境は不思議と彼の環境に似て見えた。つまり、その自由が。どうにも曖昧な話だ。食べ物とか。それに私はあんなふうに、あんな角度で木と木のあいだに駐車できたりはしなかった。やってみたけれど、やめろ、と一人の男に言われた。その男は私のボーイフレンドではなかった。でも彼は私のことを大切に思ってくれた。その瞬間は。そしてその車のことも。私の自由は奇妙なものに、居心地悪いものに感じられ、自由というよりポーズに思えた。秋の空気の中、私の自由は寒々しく思え、ジョークのように思えた――その中に真実の種を宿した、嫌味なジョークに。

絵
きたむらさとし

写真＝朝岡英輔

THE CAVE

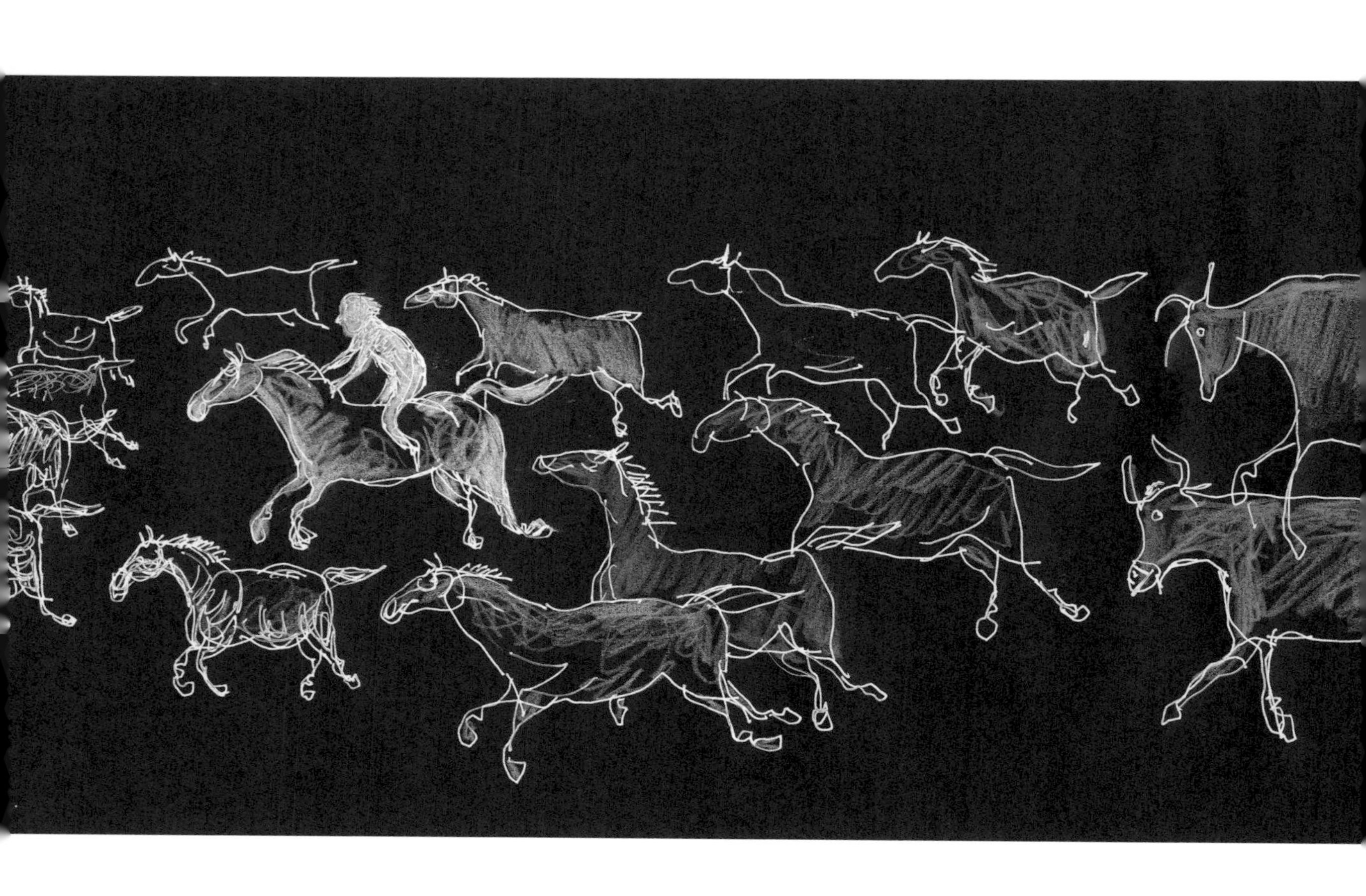

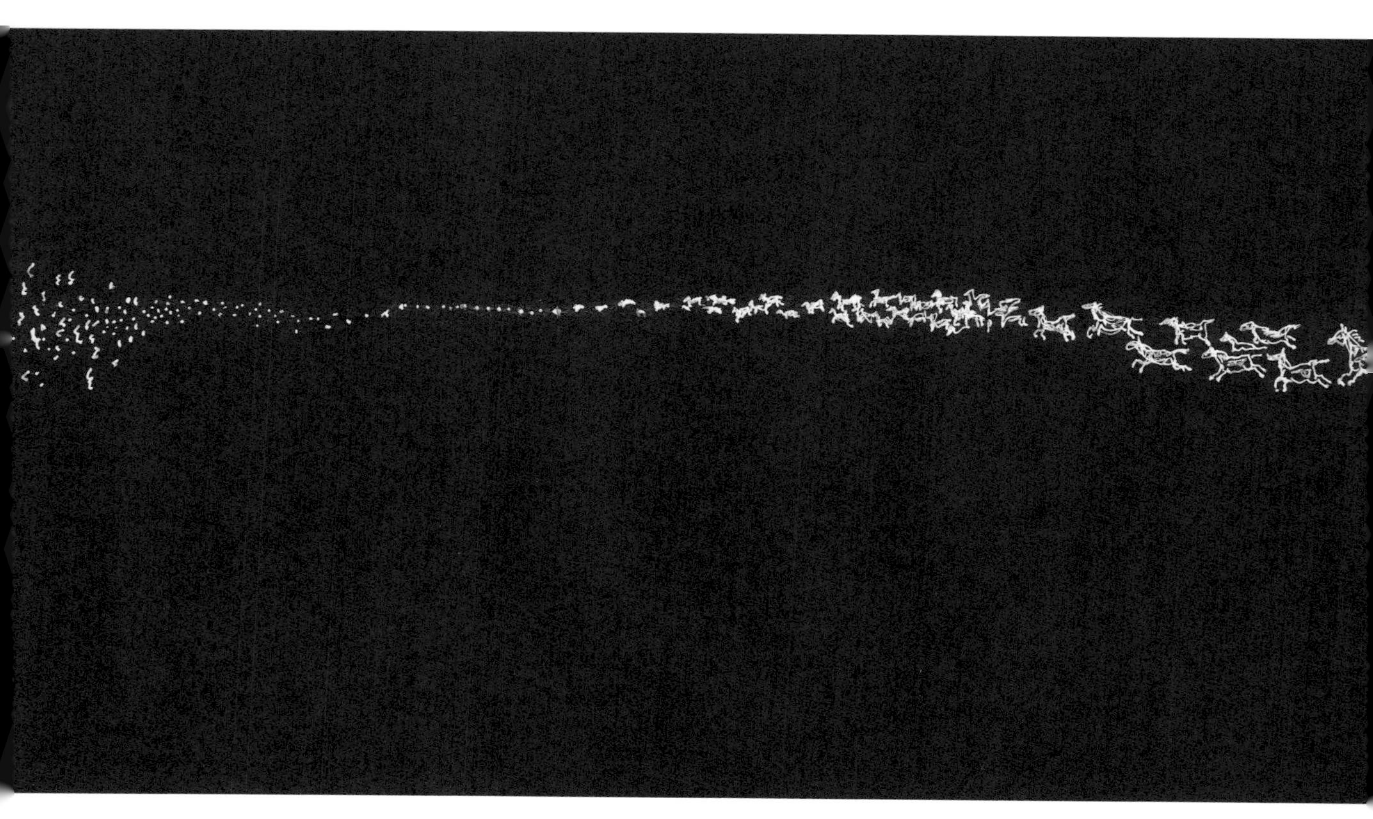

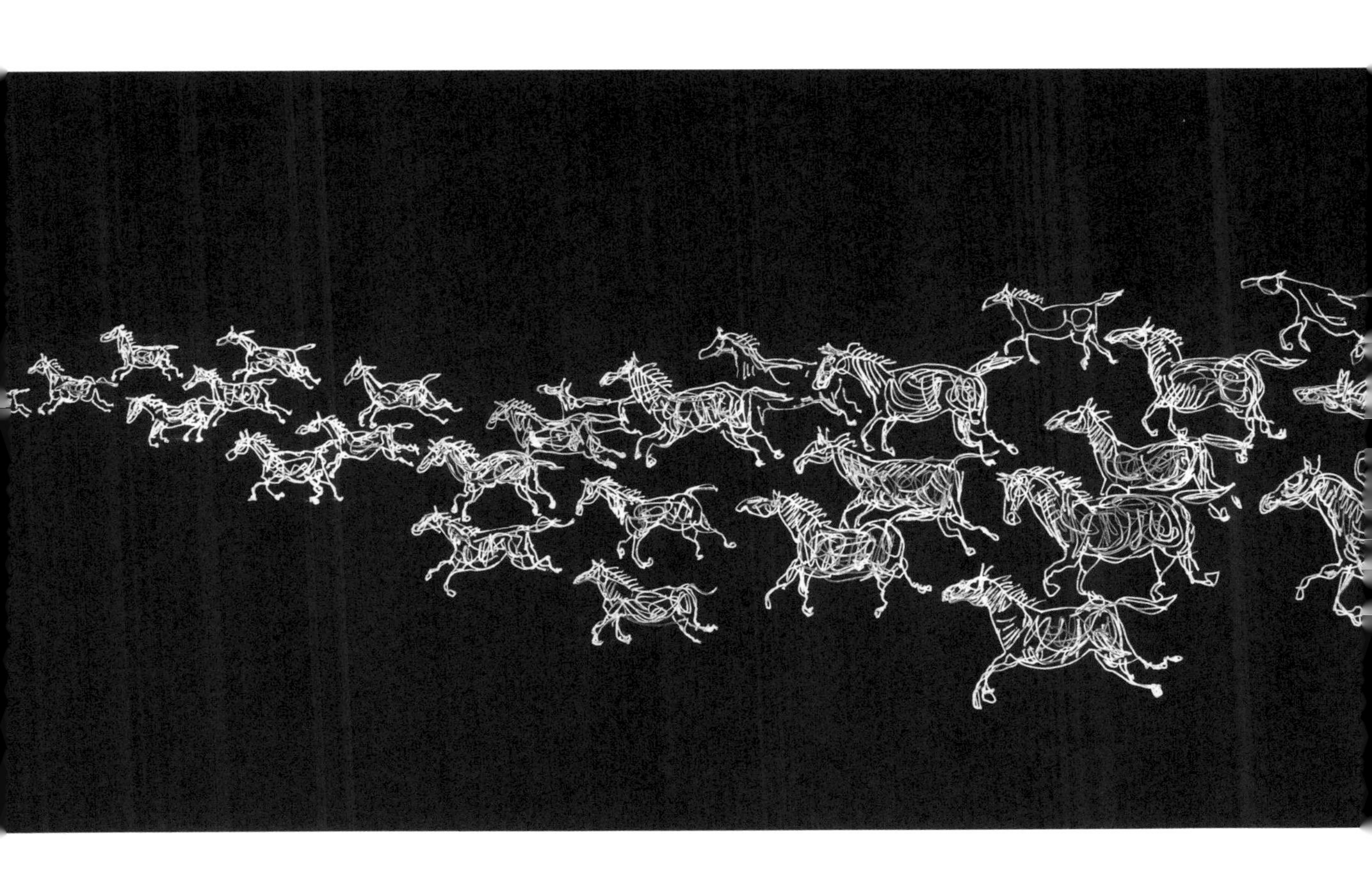

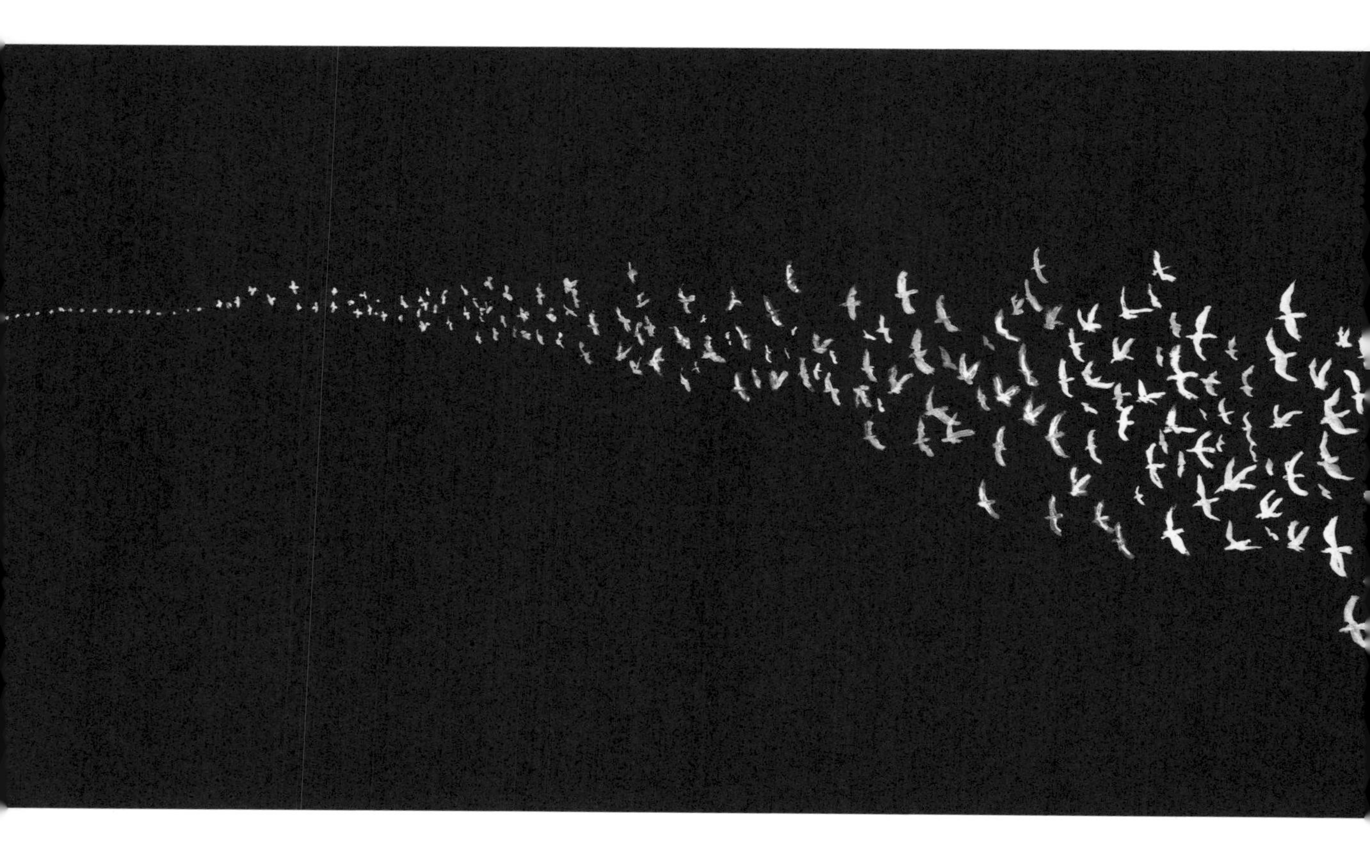

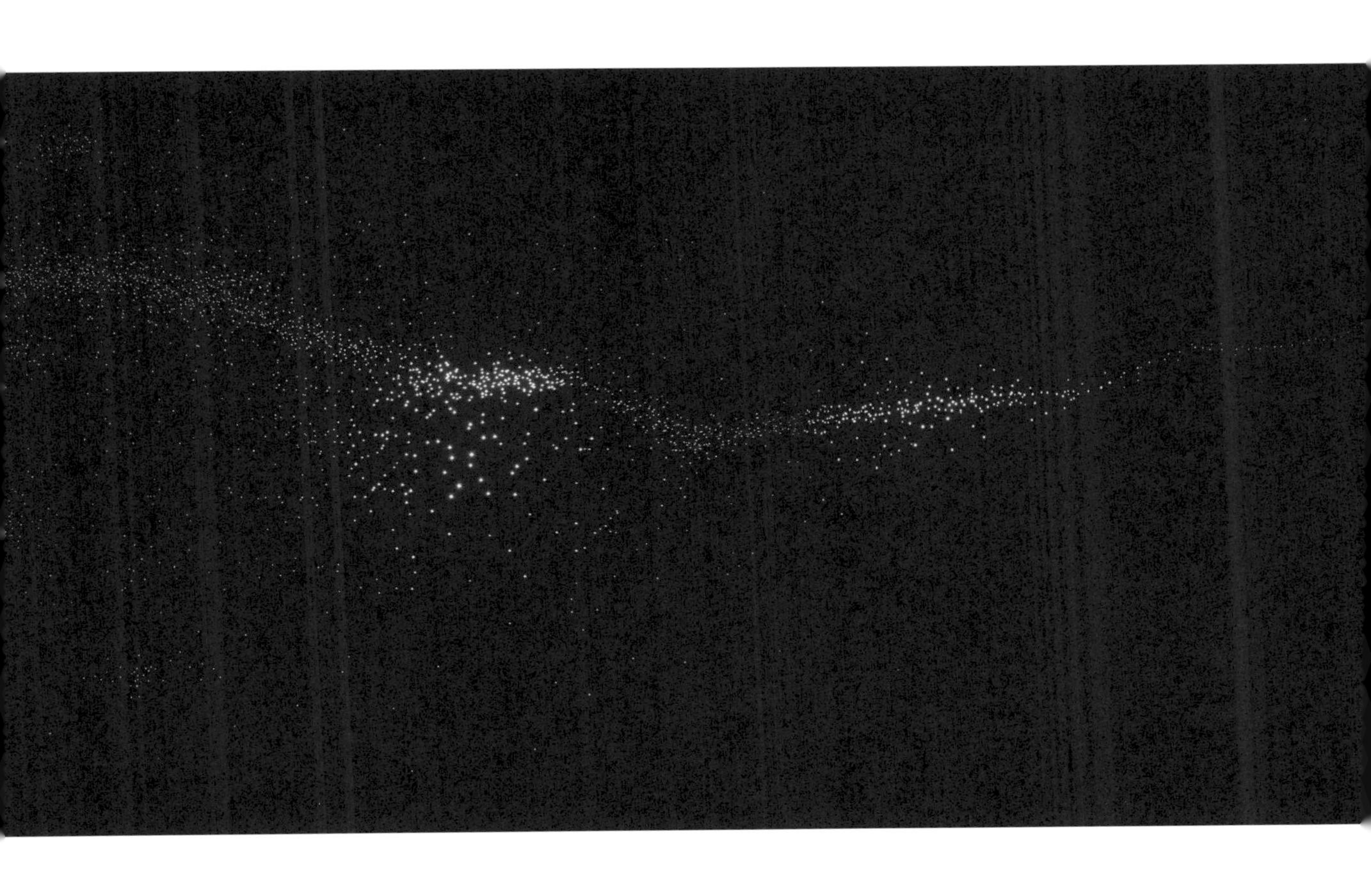

The End

北か南か、犬か人か、生か死か。
ぎりぎりの分かれ道にこだまする咆哮のような小説群
——小川洋子

ここでは、人も犬も等しくケモノだ。
どっちがどっちの主人にもなり、食い物にもなる。
そのすがすがしさ、気高さ。
ジャック・ロンドン、なんて面白いんだ！
——岸本佐知子

柴田元幸翻訳叢書

犬物語

ジャック・ロンドン 著　柴田元幸 訳

わずか40年の生涯で200近い短篇を残した作家、ジャック・ロンドン。代表作「野生の呼び声」を含め、柴田元幸が精選・翻訳した珠玉の作品５篇を読者に贈る。

四六判上製　232ページ　2100円（税別）

柴田元幸翻訳叢書　好評既刊

『火を熾す』ジャック・ロンドン　**『喋る馬』**バーナード・マラマッド
『こころ朗らなれ、誰もみな』アーネスト・ヘミングウェイ
『アメリカン・マスターピース　古典篇』『ブリティッシュ＆アイリッシュ・マスターピース』

VALENTINE STORIES
バレンタイン・ストーリーズ

僕はバレンタインをもらったらさぞ嬉しかっただろうという年齢に一度もバレンタインをもらえなかったので、そういう年齢を過ぎてから「バレンタイン」という話を書き、「ホワイトデー」を書き、「チョコレート」まで書きました。これを代償行為と呼ばずしてなんと呼ぶのだろうか。しかし僕のことはどうでもよろしい。直球で来るか、すごい変化球で来るか、どうにも見当のつかない皆さんにバレンタイン・ストーリーをお願いしました。(猿)

日の丸プレイバック

イッセー尾形

今ではすっかり昔の話になってしまったけれど、横井さんと小野田さんの出現で日本中が大騒ぎになった事がある。戦争が終わっても南の島のジャングルに身を潜め長い間「戦闘継続」を貫いた旧日本軍兵士たち。

戦争の開始は華々しく分かりやすいが終結となるとはっきりとした線が無く、報ぜられなかったり、納得しかねた者たちはどんどん時代と祖国から置いていかれた。というような評論を読んだような記憶がある、気がする。

すでに戦後二十数年経っているのに直属の上官からの戦闘解除命令をもってして初めて銃を置くという光景を突きつけられて、戦争という巨大なデキゴトの実態にいま一つ新たな要素が加えられた。という文章もあったような気がする。

気がするついでに、二人の他にもジャングル兵士がいたかもしれないと思う。仮に彼の名を小杉小尉としてみる。コスギショーイ。口に出してみ

ると、居たとしても不思議ではなくなる。そんな気がして欲しい……。

小杉少尉は終戦後も十年以上は一人ジャングルの中で戦闘中だ。すでに熱帯雨林での生活に慣れ、五感は研ぎ澄まされて暗闇のグラデーションを二十段階も見分けられるほどになっている。嗅覚も鋭くなり、三日後に降る雨の匂いをむせ返るシダやランの匂いの中から嗅ぎ分けるほどだ。

一匹のメガネザルが一緒にバナナをほおばってくれた。食べ終わると小杉は子守唄を歌ってやるのが習慣となり小さな頭を人差し指で撫でながら「おどま、ぼんぎりぼんぎり、ぼんからさーっきゃおーらんどー」。

サルの大きな瞳が閉じかかり、閉じた。すると小杉は手元にある映画雑誌についまた目をやってしまうのだった。

日本から来た未帰還兵士捜索隊がジャングルのあちこちに置いた「今の日本の姿」情報の一つで、新聞や雑誌の記事よりも強烈に訴えかけるのが写真満載のこれだった。

『肉体の門』という映画は半裸の女性が縄で縛り上げられて同じ日本人の女に責められているという、今見てもかなりショッキングな代物だった。捜索隊がどういう意図でこれを置いていったのかは不明だが小杉に注意を促したことは間違いない。

「日本女性はすべて囚人になったのか？」

あらゆる経験値をかき集めても『肉体の門』を解釈することは不可能だった。

一方『カルメン故郷に帰る』はまだ理解できた。日傘を差した洋装の女が馬車に乗って笑う写真。「やはり日本は占領されて名前も横文字に変えさせられたのだ」と納得したものだ。しかし自分自身の投降自決は許されない。

戦闘あるのみ。

「キ」

サルが一声鳴いてカサコソと去って行く。小杉の塒(ねぐら)は呪縛のタブー領域になっているのか島民の誰も足を踏み入れない小さな滝の脇にある。そしてとうとう捜索隊はここまでやって来た。もとより小杉としては、相手は米兵か捕虜になった同胞だと確信している。数発残っている小銃を握り締めて葉の色に染めた顔を木陰に隠し息をひそめた。

彼らは忍び足でやって来ると明らかに日本語で「せんそうはおわりましたからニッポンにかえりましょー」と、まるでそこに小杉が隠れていることを見抜いているかのようにフッーに話しかけてきた。「雨止んだからおもて行こー」みたいに。ドキリとして引き金に指をかける。しかし彼らは同じようにあちこちの方角に声をかけ、いずれ消えてしまった。何かを岩の上に置いていったので、小杉はほぼ一時間待ってそれを確かめに姿を現した。

それは陽だまりに置かれた真新しい新聞だった。漢字とひらながを貪るように読んでいくとひとつの見出しに目が止まる。

『試される大和撫子。根付くか？バレンタイン・デー。女性からチョコで愛の意思表示』

さっぱり意味が分らない……。

新宿の洋菓子店で賑わったという記事があったが文字だけでその光景を思い浮かべるのは難しい。小杉は腰を下ろし何度も活字に目を凝らした。ようやく……

何かが形になりかける。固く目をつぶって顔を上にあげると亜熱帯の太陽が瞼の裏をオレンヂに染めた。その中から……縄で縛り上げられた女が現れ……口にチョコレートを銜(くわ)えているが、すぐに日傘を差した女に奪われてしまう。これが欲しいのかい？ふん。ギブミーチョコレートって言いなさいよ。気がつくとあたりは日傘の女たちで埋め尽くされ賑わっている……。

小杉は全身に汗をびっしょりかいてグッタリとし岩場に崩れ落ちてしまった。

「キ」

いつの間にかサルがそばにいて何かをくれた。

HERSHEY'S CHOCOLATE!

失神しかける小杉の腕をサルは強く握った。

illustration by Issey Ogata

チョコレート・ファウンテンのほとりで

小林エリカ

彼女は小さく切断されたバナナを銀色のフォークで突き刺した。それから、それを液体化したチョコレートが噴水状に流れ落ちている渦中へと射し入れた。彼女が握るフォークの先端で、バナナはたちまち黒色のチョコレートに覆われてゆく。

彼女の隣では、春に小学三年生になる希子がやはり同じようにフォークを握りしめている。

これはね、チョコレート・ファウンテンっていうのよ。

希子は彼女にそう教えてやる。

まえ、パパの誕生日の時に、パパとママと焼肉のお店にランチいったとき、これやったことあるから、よく知ってるの。そこにはイチゴとかマシュマロもあったんだけど、そういう高いやつは、こういう安い店にはないの。

希子の母親である私の姉は、未だデザートには到達していないのか、ミートボールが山ほど載せられた皿を手に、希子を小突いている。

余計なこといわなくていいから。

彼女はそのやりとりを聞いているのか聞いていないのか、震える手で未だチョコレートの中にフ

ォークを射し入れたままでいる。
　彼女はその、もはやバナナであることさえ判然としない、チョコレートで完全に塗り込められた物体を見つめながら呟いた。
　あの人、チョコレートがすごく好きだったのよ。
　姉は、またはじまったわよ、と私に目配せをして、希子をふたたびデザートをとりにやらせた。
　私は彼女をなんとかビニール製のソファの上へと腰掛けさせ、その手に握りしめたままの物体を取り上げてから皿の上に置いたのだったが、その拍子に未だ固まりきらないチョコレートが撥ねてテーブルの上に散らばった。
　あの人、ハーシーのやつが特に好きだった。
　彼女はしかし構わず喋り続ける。
　そう、あの人、お寿司のときだってコカ・コーラを飲んでいたんだから。でも、あの人が、器量もたいしてよくない女と駆け落ちしたっていうのは、嘘だと思うの。ほら、瑞江おばさんって、時々嘘をつくから、わたし、むかしっから信用していないのよ。
　もはや彼女は、料理のやり方も、銀行通帳の隠し場所も、自分の孫である希子のことも、自分が産んだ娘たちのことも、六十年も結婚した夫のことさえ、覚えていない。けれど、かつて好きだった人が食べたチョコレートの銘柄だけは、はっきりと覚えているようだった。
　こないだ寝ていた時に、電話が鳴ったの。わたし、あの人からの電話だって、すぐにわかったわ。
　そうして目を潤ませ、頬を紅潮させる彼女は、もはや私たちの母というよりも、ひとりの女だった。その髪には白髪が混じり、背は曲がっていたけれど。
　姉は私の耳元で囁き、くすくす笑う。
　まあ、パパが死んでてほんとによかったわよね。
　私は、彼女の皿の上で冷たくなっていたチョコレート塗れの物体を口の中へと放り込む。チョコレートの中には確かにバナナが存在していたが、その味は殆どわからなかった。ところで私たちの父が、彼女の夫が死んでから、今年でもう何年になるのだったか。
　彼女は私たちを見つめる。そして、彼女にとっては、もはや誰でもない私たちに向かって、懇願するのだった。
　そうだわ、今度電話があったら、きっとわたしに繋いでもらうように伝えてくださる？　なにしろ、電話をかけたいっていっても、電話をかけさせてもらえなくて困っているのよ。第一、電話をかけるためのお金も見当たらないの。
　彼女はそれから唇を尖らせる。そのポーズだけはずっとむかし、父を前に彼女が食卓でやっていたのとおなじだった。
　国道沿いにあるこの店の二時間食べ放題のランチバイキングは大いに賑わっていて、チョコレート・ファウンテンのまわりには子どもが群がっている。チョコレートの噴水はとめどなく流れ続けている。
　デザートを食べ終え、会計をすませた私たちは、彼女を老人ホームへ送り届けるために国道沿いの道を並んで歩いた。
　彼女はマジックテープ式のズック靴を履いている。
　ゆっくりと足を引きずりながら歩く彼女のズボンの腰のところを姉が摑み、その脇では希子がスキップしている。
　私は彼女の手を取る。
　彼女の手は大きく冷たく乾いていた。そして、ふと見ると、その指先には、わずかにチョコレートがこびりついていた。
　私はこっそりと彼女の手を口元に近づける。それから、その指先に唇を触れ、舌で舐めた。
　口の中にざらりとした皮膚の感触とチョコレートの味が広がる。
　チョコレートが廻る。落下してはまた噴き上がり、噴き上がってはまた落下し、永遠に巡るようにして。
　コンビニエンスストアの前を通り過ぎる。入り口には、ピカピカしたハート型のバルーンが幾つも貼りつけられていた。
　彼女を老人ホームへ送り届け、別れてからようやく、私は、今日はバレンタインデーだったと、忘れかけていたそれを思い出すのだった。

illustration by Kobayashi Erika

回路

ジェフリー・アングルス

私の世界では、体を触れあうのは子供だけだった。男の子が裏庭で取っ組みあったり、フットボールやカウボーイごっこをしたり、近所の家のプールで水をかけあったり。友だち同士、たがいの体によじのぼって、滑ったり落ちたり、長い夕方に荒っぽい遊びに興じるなかでつかのま味わったゾクゾクする親密さはいまも覚えている。

もう少し経って、みんな背が伸びてきてぎこちなくなってくると、触れあうのは一定の行為に限られていることを私たちは学んだ。たとえば、握手は敬意と威厳と強さを表わす行為だが、男同士はそれ以上あまり触れあう必要がないのだと父親に教えられた。ある種の、たとえば親戚のあいだに存在するような親密さがある場合はハグしあってもいいが、これもあくまで特別である。雲に見入ったり、夕暮れが深まるなかUFOを探したりする際に、肩を組んだり相手の膝に頭を載せたりする必要はないのだ。思春期の見えない壁がにわかに次々と建ち、私たちを中に閉じ込めた。

私のきょうだいは妹一人だったから、家を出て大学に行くまでは男の子と空間を共有する機会が一度もなかった。大学でのルームメートは名前をスティーヴといった。スティーヴは背の高いスポーツ選手で、その顔じゅうに広がるニタニタ笑いを見たとたん、私が感じていた新入りのビクビクはいっぺんに消えた。部屋には彼の方が先に越してきていて、私が入っていくと、ちょうど彼は胸をあらわにしたジム・モリソンのポスターを壁に貼っているところだった。ドアーズ？　聞いたことないな、と私は言った。それは嘘だった。もちろん聞いたことはあった。でもそのささやかな作り話が、口を利くきっかけになってくれたのだ。

けれどそんなごまかしは無用だった。スティーヴはおおらかな性格で、話はたちまち気楽に進んでいった。彼の父親はガソリンスタンドを経営していた。母親はパン屋をやっている。家族の中で大学に上がったのは自分が初めてで、家から遠く離れて大学生になったことにスティーヴはワクワクしていた。先に謝っておくけど夜いびきをかいたらゴメン、君が勉強するときはジム・モリソンのボリュームも下げるよと彼は言った。僕はバイオリンを弾くんだ、と私は応え、僕も君が勉強するときは音を小さくするよと約束した。バイオリン？　難しそうだなあ、と彼は声を上げた。僕も前はクラリネットをやってたよ、でも心配は要らない、家に置いてきたからと彼は言った。そうしてスティーヴは声を上げて笑い、なあ、僕たちすごくうまくやっていけるね、会ったばかりだけどわかるよと言った。

彼の予想は当たった。私たちは一緒に食事し、勉強し、何もかも一緒にやった。ジム・モリソンがなぜそれほど偉大かを彼は説明してくれて、私としては最後まで全面的には納得しなかったけれど、彼の熱狂はしっかり伝染してきた。私たちはたがいを自分の友人たちに紹介し、じきに「僕の友だち」「君の友だち」という区別は消滅した。やがて天文学の授業を受けて、宇宙にはたがいの周りを回りあう連星（ダブル・スター）というものがあるのだと教わって、そういうペアのどれかに私たちの名前がつくべきだと私は思った。

両親には大学の授業料を出す余裕がなかったので、スティーヴは軍隊に入っていた。軍隊が学費を持ってくれる代わりに、卒業したら軍に勤務するのだ。取決めの一環として、毎週木曜に軍服を着用することを彼は求められていた。私は軍隊というものを非常に懐疑的に見ていた。当時は湾岸戦争が始まったばかりで、イラクに侵入することでアメリカは泥沼に入り込もうとしていると私は確信していた。とはいえ、軍服を着たスティーヴがますます颯爽として見えることは認めないわけには行かなかった。

彼がそれほど見栄えがするのだから、当然、私の方も少しは頑張らなくちゃいけない。私はランニングを始めた。最初は辛かったけれど、たちまち私はランニングが与えてくれる自由を楽しむようになった。走ることで、ふだんの生活の境界の外に出ることができる。走ることで、自分の世界に新しい道が拓けていく。ゼイゼイ喘ぎ、うなり声を上げながら、自分の十八歳の肉体が大人のそれに変わっていくのが感じられる気がした。

二月の木曜日のことだった。私たちの大学がある中西部の町では冬はいつも寒かったが、その日の厳寒ぶりは格別だった。寒さを寄せつけぬよう、私はいつにも増して懸命に走った。膝や足首が痛むまで走った。胸を汗が流れ落ち、上着の下のシャツを濡らした。

部屋の中に私が転がり込むと、スティーヴは物理学の教科書から顔を上げた。疲れはてた私が息をつこうとへたり込むのを見て、彼はあははと笑った。

笑うなよ、君の方が僕よりずっとタフなんだから、と私は言った。

私の言葉をスティーヴは無視して、私の方に寄ってきた。そして片手を私の背中に当て、上着を脱がせた。やれやれ、君、全身汗まみれじゃないか、とスティーヴは言った。

その一言とともに、彼はその手を、私の濡れたシャツと胸とのあいだにすべり込ませた。私の乳首と乳首のあいだ、まさに胸毛が生えはじめているあたりで彼の指は止まった。

予想もしなかったこの親密な行為に、私は不意をつかれた。びっくりして顔を上げたが、彼の目に浮かんでいるのは少年っぽい茶目っ気だけだった。彼は手をどかしもせず、私の湿った肌に置いたままにしていた。そしてスティーヴは私の顔を見た。口にされない問いが宙に漂っているのを私は感じたが、どう反応したらいいのかわからなかった。

それでも、とにかく私はそれを感じたのだ。私たちのあいだにはひとつの回路が出来ていた。たぶんそのことを、私ははじめからわかっていたのだろう。けれど彼がいきなり電圧を上げたものだから、最初のショックから立ち直ると、私はあっさり身を退いてしまった。

ふざけるのはよせよ、と私は言った。

一瞬の曇りが彼の顔に浮かんだが、じきにいつもの、屈託のないニタニタ笑いが戻ってきた。ハッピー・バレンタインデー、と彼は言って、自分の席に戻っていった。

どう考えたらいいかわからないので、私は落着かなげに笑って、シャワーの方に歩いていった。あのしぐさとともに、スティーヴが何を考えていたのか、はっきりわからずに終わってしまったが、彼が私の中の奥深くにある何かを読みとっていることは確信できた。

それから三年経ってようやく、私は勇気をふるい起こし、生まれて初めて男性とキスすることになる。相手はスティーヴではなかった。スティーヴは化学の授業で一緒になった女子学生とつきあっていた。私がキスした男は、酒場で会ったばかりの知らない人間だった。けれど、私の唇が初めてその男の頬ひげに触れたとたん、なぜかスティーヴがそこに私と一緒にいるような気がしてならなかった。

そう、男同士触れあってもいいんだ。そう、その初めてのキスはびっくりするくらい素晴らしかった。そうなることは、スティーヴが片手を私の胸に置いた日からわかっていた。そのささやかな知の贈り物こそ、私がこれまでにもらった最良のバレンタイン・プレゼントなのだ。（柴田元幸訳）

悲しみのレモンサワー

東陽片岡

どっちかつーと私は、チョコレートが好きなほうであります。実際、机の上にはロッテのラミーチョコレートがあり、仕事の合間にそれを食いながらお茶を飲み、んで煙草でイップシしますととてもイイ按配なのでございます。

二月になりますとバレンタインデーがあります。節分が終われば、世の中の商店、スーパーなどはチョコレートだらけになってとても賑やかになります。そんなシアワセそうな風景を眺めるのも、これ股イイ気持ちなのであります。

私が生まれて初めてチョコレートの受け渡し現場を見たのは、昭和四十八年、中学三年生の時でした。「ノグソ」つーあだ名の友達が、学校の廊下で同級生の女の子からチョコレートをもらっているシーンが、ナゼか記憶に残っております。小学校時代は、ハナを垂らして勉強もできなかったノグソが、中学生になったら急に女の子にモテだしたのが悔しかったのかもしれません。

ひょっとして誰か自分にもチョコレートをくれ

るかもしれない、と淡い期待を抱きつつも、学生時代は一度もチョコレートをもらえませんでした。つーか、それからずーっと現在まで、ノグソ的な意味のチョコレートを、女性からいただいた記憶がございません。おそらく、これからも死ぬまでないと思います。

とはいえ、あれは、三十年ほど前のことでしょうか。テレクラで女の子と出会い、初対面なのにチョコレートをもらったことがあります。

私が行ってたテレクラ店は早取りで、電話の着信ランプが点灯してから受話機を取っても、すでに他の部屋の人に奪われてばかりでした。調べたら、皆さん受話器のフックボタンの端をあらかじめペンで押さえておき、着信ランプ点灯と同時にペンをずらす、という早技を駆使していたのでした。

それ以降、私も訓練してつながるよーになりましたが、なかなかおデートの約束がとれません。それを見かねたのか、テレクラのアポ取り名人の友人が、自分のおデートを一本回してくれたのでした。待ち合わせ場所は川崎駅。女の子の特徴を聞き、後日、胸を躍らせて出かけた訳でございます。

ほぼ約束の時間に、それらしい女性はやって来ました。黄土色のコートに目印のバッグ。間違いありません。風邪をひいているのか、マスクをしているのが気になりましたが、思いきって声をかけたらご本人で、まずはめでたしであります。とりあえず喫茶店に入りコーシータイムです。なにしろ友人のアポとはいえ、テレクラ初のおデートですから緊張します。

冬の日差しがけだるい午後の喫茶店。コーシーが来て、彼女はおもむろにマスクを外します。なんかこう、まことに残念でありますが、ゲゲゲの鬼太郎の砂かけばばあをほうふつしてしまう面影がありました。しかし、ぜいたくは言ってられません。極力笑顔で会話を弾ませるよう努めます。

彼女は私と同世代で、現在アパートに父親と二人暮らしだそうです。数年前に母親が亡くなり、おまけに父も病弱で寝ていることが多く、自分が面倒をみているのだけれど、折り合いが悪いため年中言い争いをしているのだそうです。かと言ってアパートを出る訳にもいかず、このまま男性と知り合う機会もなく婚期を逃してしまうのではないか、という焦燥感から、思いきってテレクラに電話をかけてしまった、つーような話を、悲しそうな語り口調で吐露してくれました。

私は人からグチや相談事を受けやすいタイプのようです。実際は聞き流しているのですが、相手からは思いを受け取っているよーに見えるのでしょうか。彼女はつらい家庭の事情を話して少しは気が晴れたのか、ゴホゴホと咳き込みながらバッグからチョコレートを出し、ニコッと微笑んでテーブルに差し出しました。そう、本日はバレンタインデーだったのでございます。

リボンの付いた小さなチョコレート。ありがたくいただきました。

「あのう、電話番号を教えていただけますか?」と彼女はメモを用意します。私は反射的に、この出会いをセットしてくれた、アポ取り名人の友人宅の番号を教えてしまいました。「しまった」と後悔しましたが、言ってしまったものは仕方ありません。

帰り際、彼女は買い物があると、私を待たせて駅前のデパートに入っていきました。数分後、薬の袋をたくさん提げて戻ってくると、「すみません、ゲホゲホッ、体の調子が良くないもので・・」と咳き込みながらしきりに恐縮しております。だんだん体調が悪化している様子です。

「大事にして下さいね」と気遣いつつ、そのまま川崎駅の改札で別れ、私は悲しみのレモンサワーを飲みに四谷荒木町方面へ向かったのでした。あれから三十年が経ち、ふと思い出してしまったバレンタインデーなのでございます。たみゃらん。

illustration by Toyo Kataoka

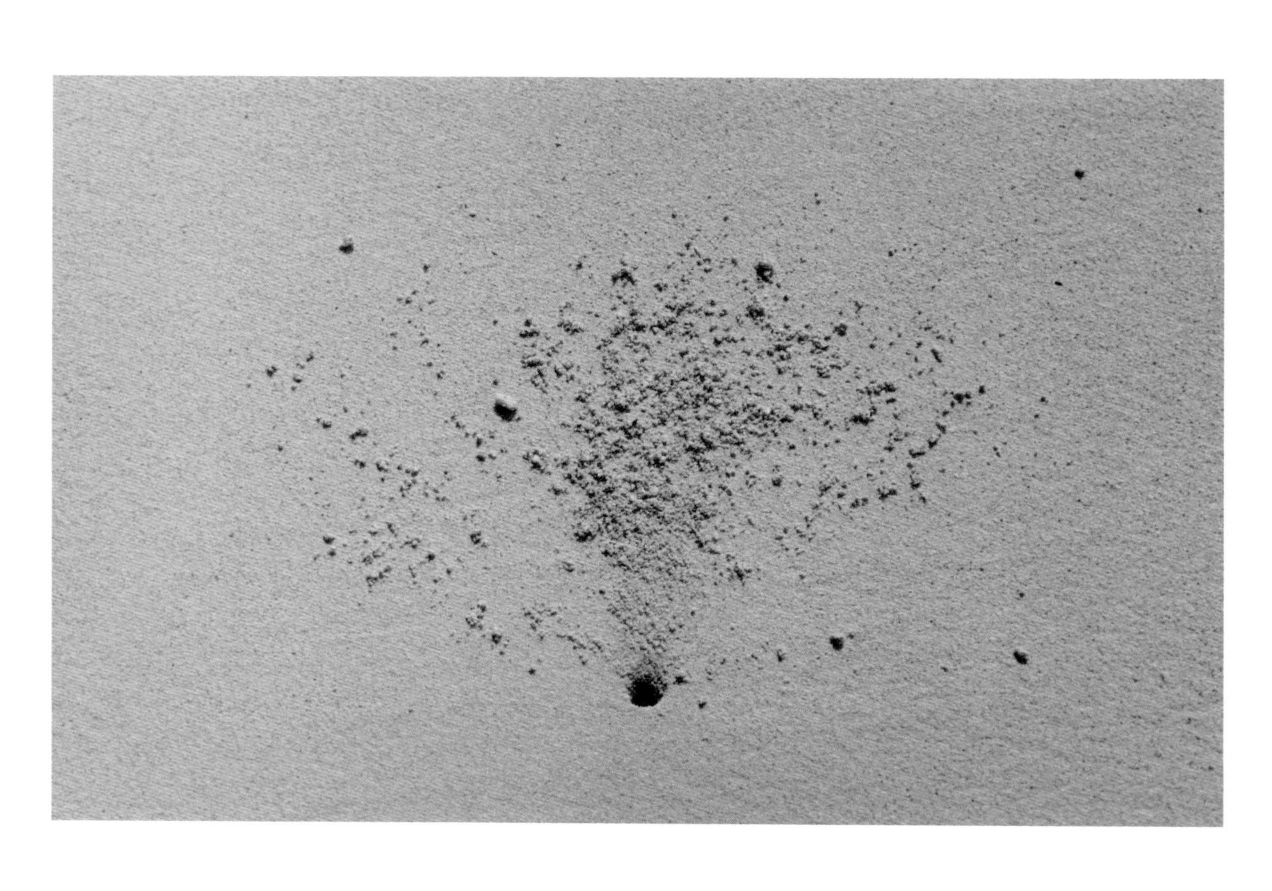

このあたりの人たち

家業

川上弘美

写真＝野口里佳

家業をつぐのがいやで、梨田宗吉は高校を卒業するとすぐに家を出た。

梨田宗吉は遠い町へ行き、働きながら夜間大学を卒業し、そののち証券会社に勤めた。学閥に属さなかったために多少苦労はしたが、順調に出世を重ねていった。トレーダーとしての腕はもちろんのこと、営業的な能力も高かった梨田宗吉は、三十代ですでに次長の地位を得ていた。

梨田宗吉は考えた。そろそろまた人生を転換させてもいい時期なのではないか。高額の金を毎日動かしつづけることにも飽きていたし、地位が上がってゆくにつれ増えてゆく錯綜した人間関係にも興味をもつことがあまりできなかったのだ。

梨田宗吉は証券会社を退職した。貯めた金でしばらく旅の生活をつづけた。世界中の高級ホテルに泊まり、ミシュラン三つ星の店から屋台まであらゆるものを食べ歩いた。ナマケモノも食べたし、蟻も食べた。アナグマもピラルクもアナコンダも食べた。内臓も脳も骨髄も食べた。腹をくだしたこともあったし、熱をだしたこともあった。静かに寝台に横たわり、水だけをとり、梨田宗吉はそれらの症状をやりすごし自然治癒につとめた。

食べることにもやがて飽きた梨田宗吉は、結婚しようと思った。優しい妻と二人で畑を耕し少しの米を栽培し、鶏と豚を飼うのだ。冬になれば雪が降り、春になれば野に草花が芽吹き、夏には蟬時雨がふり、秋には豊かな収穫を得ることができるだろう。梨田宗吉はまず最初に、農業の研究をはじめた。学校に通い、実地研修を受け、新しい農業の方法を模索しているグループと接触し、するといつの間にか梨田宗吉は大規模で先鋭的な農業事業の中心人物となっていた。会社組織ができ、低農薬栽培地産地消のサイクルができあがり、日本の農業はすっかりさまがわりした。国民は以前よりも健康になり、日本の経済状況も好転し、アジア諸国やアメリカやEUとの関係も変化した。

気がついてみると、梨田宗吉は結婚という目的からすっかり逸脱したところにいた。

梨田宗吉は考えた。これではいけない。梨田宗吉は農業活動からはずれ、すぐさまいくつかの結婚相談所に登録した。毎週梨田宗吉は「あなたにぴったりです」という女性を紹介され、二人で会った。けれど、一緒に自給自足の生活をしたいと言う女性は、なかなかあらわれなかった。梨田宗吉は全国の農家を歩きまわった。農業の仕事をしていた時のつてがあったので、どこの場所でも歓迎された。けれど、梨田宗吉がぴんとくる女性はあらわれなかった。農業に関心をもっている女性ももっていない女性も、どちらも梨田宗吉とはうまくゆかないのだ。

自分には何か大きな欠落があるのではないかと感じ、梨田宗吉は高野山で修行をおこなうことにした。ここでも梨田宗吉は集中力を発揮し、やがて高野山でいちばんの高僧の直弟子となった。梨田宗吉をふくむ直弟子四人衆は、この時代の仏教を改革した。葬式の時以外は仏教に関心をもたなかった国民を啓発し、布教活動を大いにおこなった。敬虔な仏教徒が増え、宗教革命に近いものもおこった。ふたたびアジア諸国や中東、ヨーロッパ、アメリカとの関係が変化した。

梨田宗吉は考えた。今度こそ、結婚のしどきではないかと。充分な徳もそなわったし、煩悩をコントロールするすべも手に入れた。ふたたび結婚相談所に登録し、毎週紹介される女性とデートをかさねた。どの女性も梨田宗吉に夢中になった。けれど、梨田宗吉は煩悩がたいへんに少なくなっていたので、どうにも女性に対する意欲がわかないのだった。すでに四十代の終わりでもあるし、こうなったなら茶飲み友だちを求めようと、女性たちに相談するのだが、どの女性も、「四十代は、男盛りです」と、首を横にふるばかりだった。

梨田宗吉は考えた。もう結婚はあきらめよう。仕事もしつくした。悟りもひらいた。久しぶりに故郷へ帰ってみようか。

梨田宗吉は、生まれた町に帰った。まず最初に向かったのは、農家のおじさんのところだった。農家のおじさんは、相変わらず鶏に毒づいたり他人の悪口を言いまくったりしていた。かなえちゃんにも会った。かなえちゃんは梨田宗吉を一瞥し、「だっさいおっさん」とつぶやいた。影じじいとスナック愛のおばさんとは、三日三晩語りあった。あいつら、同級生だからやたら昔から仲がよかったんだと、八郎はあちこちで噂してまわったが、どう見ても三人の年齢は同じとは思えなかった。音楽の家は梨田宗吉には扉を全開した。音楽の家で、梨田宗吉は一年を過ごした。音楽で身を立てられないかを試していたらしい。けれど、梨田宗吉には音楽の才能はなかった。最後に、梨田宗吉は考えた。しかたない、いよいよ家業をつぐか。

梨田宗吉の家業は画家だった。それも、抽象画の。梨田宗吉は抽象画が世の中でいちばん嫌いだったのだ。けれど家業なのだから仕方ない。梨田宗吉は修行に修行をかさね、偉大な抽象画家になった。渋谷に行くと、ヒカリエへの出口ぞいの壁面いっぱいに、梨田宗吉の抽象画が描かれている。梨田宗吉は今ではアトリエの隣にゲテモノを食べさせる食堂を開店させ、適当にはやらせている。結婚は、まだしていない。

宮澤賢治リミックス

グスコーブドリの伝記
魔の一千枚（化物論）

古川日出男
絵＝秋山花

（ほとんど百話にならんとする再話（リミックス）がほとばしる）

わたしの人生には、三つの段階があります。九歳までと、九歳のとある三日間と、その後の、やっぱり九歳からです。それぞれの時期を、第一段階、第二段階、第三段階と名付けましょう。

第一段階は、さらに二つに分けられます。美しかった日々、どこまでもどこまでも楽しかった日々と、それが壊れてからです。

第二段階は、三日間と言いましたけれども、正確にはわかりません。二日かもしれない。四日かもしれない。だいたい三日だった、と感じているだけです。わたしにとっては、それは、三日ばかりの体験だったのです。

もしかしたら、数えられない日々なのかもしれません。

これは恐ろしかった日々です。ただただ、恐怖でした。

第三段階は、それ以降です。今に至るまでです。ちなみに今、わたしは十九歳です。十年が経過したのだ、と言えます。この第三段階に入ってから、十年が経過したのだ、と。

ここには恐怖はありません。もちろん初めは恐かった……恐ろしさをひき摺（ず）っていましたが、そして、おっかなびっくりでしたが、しかし果敢に挑みつづけて、今わたしは、楽しい日々の内側にいます。美しいもののなかにいます。

それで、先に打ち明けてしまいますが、第二段階にばけものはいます。

はい。

ばけもの、です。

わたしは、わたしの立場から、それを語ります。

イーハトーブの大きな森のなかに、兄同様、わたしは生まれました。兄とわたしは、始終、遊びました。どんな遊びをしたでしょうか？　いっしょに空のほうに顔を向けて、ぽう、ぽう、と言うのです。これは山鳩の鳴き真似です。すると、どうなったでしょうか？　あちらからもこちらからも、睡（ねむ）そうな鳥の声が、ぽう、ぽう、と鳴いて返すのです。

それから、木苺（きいちご）の実を採って、湧き水に漬けたりしました。蘭（らん）の花をブリキ缶で煮たりしました。

兄が学校に通い出すまではそうでした。

兄が学校にあがったからわたしたちの〝楽しさ〟が変質した、というのではありませんよ。兄は、わたしの三つ上です。兄は、学校に行っても、昼過ぎには戻ってきますから、またいっしょに遊べます。遊びます。たとえば、ホップの蔓（つる）が両方からのびて門のようになっている白樺の樹に、「カッコウドリ、トオルベカラズ（郭公鳥、通るべからず）」と赤い粘土や消し炭で書いたりしてね。

変質は、わたしが七歳の年に、起きたのです。はじまったのです。

飢饉です。

飢饉とは、その予兆があって、その始まりと展開があって、それから本当の飢饉になりますから、じつは何年もが飢饉の年だったりします。わたしが七歳の、春に、太陽（おひさま）が変に白いということがあって、五月に、霙（みぞれ）がぐしゃぐしゃ降って、七月に、ぜんぜん暑さが来ないで、秋に、穀物が実らないで、つまり、これが飢饉の訪れです。

けれども――

――まだ、誰も飢えて死んではいない。

そして冬。そして翌る春。わたしは八歳です。同じことが繰り返されます。天候がおかしいのです。この秋、とうとう本当の飢饉になります。この冬、飢えながら飢えながら、わたしたち家族は過ごします。兄と、父と母と、わたしです。父と母は、なにかひどい病気のようでした。春になると、そうだったのです、ひどい病気のようでした。春になったので、わたしは九歳でした。

父が失踪します。「俺は、森へ行って、遊んでくる」と言って。

次の日、母も家を出ます。わたしと兄に「戸棚にある粉を二人で少しずつ食べなさい」と言って。

兄はこの時十二歳です。わたしたちは、戸棚の、蕎麦粉をなめて（それから楢の実も食糧にして）二十日ばかりを過ごします。二十日ばかりを、ぼんやり過ごします。

そこまでが第一段階です。わたしの人生の、第一段階です。

第二段階は、この声で始まります。

「こんにちは。誰かいるかね？」

戸口でそう言ったのは、籠を背負った目の鋭い男でした。わたしたちを、餅を餌にして、奇妙に説得して――しようとして、それから、わたしを籠に入れて、攫います。兄が叫びます。「泥棒！　泥棒！」と。

わたしたち兄妹は別れます。

それから三日間……三日だったのでしょうか、二日かもしれないし四日かもしれない、正確には数えられない日々……わたしはその男といます。ばけものと、です。もちろんわたしは、ひたすら戦慄いていたし、ほとんど記憶がない。何も、憶えていないに等しい。ただ、これは憶えています。男は――ばけものは、最後に、こう言ったのです。

「面倒だ」と。「お前は、もう、厄介だ」と。

そして捨てられて、わたしの第二段階は終わります。

第三段階。わたしは、牧場の近辺に捨てられて、そこをひとり、泣いて歩いて、それから、牧場の主人に拾われて、きっと同情されたのですね、その家の、赤ん坊のお守りを任されます。仕事です。わたしは、労働の口を見つけたのです。人生の第三段階のわたしは、九歳にして就労者でした。

そのことを、わたしはこうした「就労者でした」という言葉などは知らないうちから、胸の奥の奥底で理解していました。だからわたしは、なんでも働こう、と決心していました。実際、なんでも働きました。だから牧場から放り出されることはなかったのです。牧場の主人からも、その主人の一家の全員からも、信頼されました。信頼されて、どうなったか？　わたしは、長男と、結婚することになったのです。十六歳の時です。いえ、十五歳だったかしら。

そして今は十九歳です。

まだ子供はいませんが（というのは、つまり、まだ子は授かってはいませんということです）、じき、できると思います。ずいぶん幸せです。そして楽しいです。そして美しいです。牧場で、いろいろと難儀しながら働いていても、結局のところ楽しいし、どこまでもどこまでも日々は美しいのです。

するとわたしは、感謝しなければなりません。わたしは、子供たちに食糧を――わずかなわずかな食物（それ）を——残して森に消えた父に。母に。わたしたち兄妹を捨てた両親（おや）に。あなたたちが死んで、わたしはこうして楽しさ、美しさをつかんだと。そしてなによりも、わたしは、ばけものに感謝しなければなりません。わたしに、面倒臭いとの感情を抱いてくれて、ありがとう、と。

……ほんとうに？

わたしは、思い出しても恐い。

わたしは、人生の第二段階を、ほとんど何も思い出せないほどに恐い。

俺のことは、そうだ、ばけものと呼んでくれ。ばけものになりたいなどと、考えたこともなかったが。もちろん俺はただの人間（ひと）だが。しかしばけものなのだ。なぜか？　餓死しようとする者を救ったからだ。ある地方に飢饉が生じて、俺は、どうにか助けたいと思った。つまり、何千人、何万人かが餓死する……しているはずだったから、俺が養える一人を、二人を、養ってやろうと思った、ということだ。その程度のことなら、並みの稼ぎがあればできる。だろう？　その地方の、平地に行った。田園地帯だ。米は（その地方では、主食の米のことをオリザと言っていた）ひと粒もなかった。その野原に、ひと粒もなかった。鷹と鷲と野良犬と……野猪と……鼠に食い荒らされた餓死者の骸（むくろ）があるばかりだった。骨。骨。骨。そんな骸骨なら、何百人ぶんも見たがね。そんな骸骨なら、たっぷり実っていたがね。それから、森に入った。森に、イーハトーブでも有名な木樵（きこ）りがいたんだ。グスコーナドリという。そいつの家に行った。グスコーナドリはいなかったよ。だが、グスコーナドリの家はあったよ。家は、ちゃんと建っていた。そうして、子供が二人、残っていたね。兄妹だ。もう　頬は痩（こ）けていた。腕が、それから両脚が、針金みたいになり出してた。しかし上のほう、兄である男の子のほうは、強そうだった。だから俺は、下のほう、女の子のほうを、保護した。

保護したつもりだったんだが、こう言われたよ。「泥棒！」と。

泣き叫ばれたよ。追いかける兄に。それから、籠に入れて保護した、女の子に。

俺は、女の子に、恐れられた。恐怖されて……。

そして俺はばけものになった。おればばけものであることがわかった。善意とは、まったき悪意だ。それがわかった。反転した。

それ以上にわかったのは、結局、この一人を助けたところで、この女の子は……この一人は、俺を、生涯怨みつづけるだろう、ということだった。これは、いったい、なんだ？　俺は三日間悩んだ。俺がしなければならないこととは、何か？

俺がばけものに徹することだ。

この子が、「救済された」と感じる状況に、この子を置き去りにすることだ。きわめて惨（むご）い所作で。——でも、どうして俺が、そんな役回りをやらなきゃならない？

それは、俺が、ばけものだからだ。

だから俺は、「面倒だ、厄介だ」と言って、その子供を、うち捨てた。

俺は泣いた。

結局、俺は誰かを救えたのか？　この飢饉から？

死ぬまでに行きたい海

富士山

岸本佐知子

いつの頃からか、富士山が好きになった。遠くに富士山が見えると、むやみに嬉しかった。「富士山、好きなんだよね」と、のろけ口調で人に語った。自分の本にサインを書くときは、名前の横に簡略化された富士山の絵を描いた。そうやって言ったり見たり描いたりすることで、ますます好きさが増していった。

初めて富士山に登ったのは小学校三年の時だった。バスで五合目まで行った。

前の日はわくわくして眠れなかった。あの「フジさん」についに登れるのだ。きっと一面の青世界だろう。三色アイスのピンクと白、白と茶色の境目をスプーンですくって両方の味を食べるみたいに、青い地面と白い地面の境目のあたりをスコップですくって持って帰りたい。それからてっぺんの平たいところに立って手を振りたい。クラスのSちゃんは高い山に車で登って、窓から手を出してビニール袋に雲を詰めたと言っていた。私も同じことがしたかった。

だが五合目は、私が思っていたようなところではなかった。灰色の荒い感じの石がごろごろ転がる醜い野っ原だった。人がうようよいて、そこらじゅうにゴミの山があった。地面はぜんぜん青くなかった。白くもなかった。雲のようなものが流れてきたので一瞬期待したが、それはイカめしの屋台から出る煙だった。あたりがイカくさかった。

私は心底がっかりした。当時の私の生活は、事前の空想とそれを現実によって大幅に裏切られることの連続だったが、富士山はそこに悲しい実績を一つつけ加えた。

それからは写真や絵で富士山を見るたびに、胸の中に不信感がわだかまった。遠くからだとこんなにきれいに見えるのに、あの腹のあたりはごろた石とゴミとイカめしの野っ原なのだと思った。それなのに遠くからだとなんで青く見えるのかがわからなかった。今もよくわからない。

それが変わったきっかけは、小林麻美だった。

大学生のとき、コマーシャルで小林麻美が波打ち際にあぐらをかいてワインを飲んでいた。グラスは普通の脚つきのではなく、台形を逆さにしたような形で、小林麻美は縁の部分を上からつかむように持って、冷えた白ワインを飲んでいた。

私はなぜだかそのコマーシャルから目が離せなかった。流れるたびに食い入るように見ているうちに、魅かれる理由がわかった。グラスの形だ。私は自分が台形フェチであることをそのとき初めて知った。

いったんそうと自覚すると、いろいろな台形のものに目が行った。跳び箱。プリン。ペルーのピラミッド。侍の編み笠。空母。トルコの帽子。台形スカート。台形の鉢。なかでも一番形がきれいでスケールが大きい台形が、富士山だった。

自然のものなのに、まるで誰かに整えられたみたいに上が平らで、完璧に左右対称の稜線がなだらかに伸びている。こんな山が他にあるだろうか。マッターホルンとかモンブランとかエベレストとか、他の高い山みたいに先端を尖らせればもっと高度を稼げたのに、そんなことにはまるで頓着していない。それにあの青と白。海が青く見える理由は知られているが、富士山が青く見える理由は誰か説明してくれているんだろうか。そんなことを考えているうちに、五合目のゴミももう気にならなくなった。むしろあんな俗な汚さを飲みこんでなお泰然としていられる懐の大きさよ、と思うようになった。富士山は私の敵ではなくなった。

大学を卒業して社会人になって、しばら

くはそんなことも忘れていた。翻訳の仕事をするようになり、自分の本にサインを求められたときに、名前だけでは寂しいな、と思ったら、手が自然と富士山の絵を描いていた。自分がいつの間にか富士山のことをすごく好きになっていたことを、その時知った。絵を見た人からは「プリンですか？」と訊かれた。

以来、私は「富士山好き」を公言するようになった。サインの横のプリン富士は定番化した。富士山柄のハンカチやTシャツや皿があるとすかさず買った。今の家に引っ越したとき、窓から遠くに富士の頭が見えることを知って小躍りした。実際に登りはしなかったけれど、事あるごとに遠くから眺め、写真や映像を眺め、姿と形に見入った。

色川武大が「門の前の青春」というエッセイで、富士山のことを書いている。いわく、平坦な関東平野で生まれ育った自分にとって、山は異常な恐ろしいものである。その最たるものが富士山で、「あれはもうあの辺の才能を無駄に吸いとっているのであり、放置しておけば、界隈からすぐれたものが生まれる余地はない。即刻、切り崩しかき均してしまうがよろしい」。あまりに目茶苦茶なけなしっぷりなので何度読んでも笑うが、でも心のどこかでかすかに憤慨している自分がいた。

二〇一三年に世界遺産に認定されてから、富士山は急にブームになった。前は注意して探さないと見つからなかった富士山グッズが街にあふれはじめた。擬人化されてぬいぐるみになったりした。私はうっすら不機嫌になった。なんだよみんな急にちやほやしやがって、と思った。もう自分だけの富士ではなくなってしまった、とメジャーデビューした地下アイドルのファンのようなことを思った。もちろん富士山はもともと有名だったから私の一方的な思い込みだ。ちょっとした富士山グッズが、標高にかこつけてみんな三千七百七十六円と割高なのも気に食わなかった。

二年前、用があって関西に行った。行きは快晴で、車の窓に張りついて東名高速から見た富士山はすごかった。途方もなく大きく、近かった。大きすぎて一度に視界に入らず、頂上を見ようとすれば稜線が見えず、稜線をたどっていけばどこまでも続いていて、いつ見るのをやめればいいのかわからなかった。

帰り道は夜だった。これでは富士は見えないなあ、と何の気なしに窓の外を見たら、あった、富士山が。満月の光を浴びて、ひっそりと、でもありありと、そびえていた。まさか夜に山がこんなにはっきり見えるとは思っていなかった。行きに見たよりもさらに巨大だった。そしてぞっとするほど美しかった。たぶん、それが私の富士山愛が最高値を記録した瞬間だった。見えなくなるまで、首をねじ曲げていつまでも見送った。

今年の夏、同じ道を通ってまた関西に行った。父の生まれ故郷に行くためだった。今度も帰り道は夜だったが、この日は月がなかった。富士山の真横を通るとき、さすがに見えないだろうと思いながら念のために窓の外を見た。富士山は見えなかった。だが目をこらして見ると、空の一部に星が見えないところがあった。それをたどっていくと、富士の輪郭があらわれた。そのとたん、富士の気配があたりを圧してありありと伝わってきた。私は背中に氷の棒を打ち込まれたみたいにぞくりとした。怖かった。説明のつかない、動物めいた恐怖だった。これは何かヤバいものだ、と思った。

目をそらし、気配が追ってこなくなるまでずっと震えていた。

あれから半年ちかく経つが、あのときの鳥肌がまだ背中のあたりに残っている。私はすっかり富士山が怖くなった。写真や絵を見るのも怖い。朝、カーテンを開けるときは顔をそむけて遠くを見ないように気をつける。気に入っていた富士山形のポストイットに触れなくなった。富士山柄のハンカチもTシャツも棚の奥にしまいこんだ。

どうしてこうなったのか、自分でも訳がわからない。もしかしたら私は富士山に叱られたのかもしれない。霊峰に馴れ馴れしくしすぎたのかもしれない。本当は色川武大のように、恐れて遠ざけるのが正しい態度なのかもしれない、切り崩すのはやりすぎにしても。それとも、富士はただ放っておいてほしいのかもしれない。霊峰とかグッズとか好きとか怖いとか、そんなものは全部よけいなお世話で、ただもう隆起した地面でいたいのかもしれない。

私と富士山の関係がいつまた変わるのかどうかはわからない。とりあえず、今はサインの名前の横は空っぽのままだ。

photographs by Kishimoto Sachiko

猿の仕事

早稲田大学文学部のウェブサイトは感動的である。たいていの大学のサイトは、〈受験生の方へ〉〈在校生の方へ〉〈卒業生の方へ〉といったタブをクリックするようになっているが、早稲田文学部の場合、〈卒業生の方へ〉のところが

〈卒業生・退学者の方へ〉

となっているのだ。さすがは〈中退作家〉の伝統——現在も我らが古川日出男氏がその一端を担っている——を誇る学部である。

早稲田では来年度から久々に授業をやらせてもらえることになったし、『早稲田文学』のことも『MONKEY』としては勝手に「インディーズ文芸誌仲間」と思っているので、もともと早稲田には大いに親しみがある。なので、去年の十一月、〈早稲田大学坪内逍遙大賞〉を授与されたのはとても嬉しい出来事だった。

さらに嬉しかったのは、大勢の方が僕の受賞を、どうやらかなり本気で喜んでくださっているように見えたことである。

もちろん、いままでサントリー学芸賞や、日本翻訳文化賞をもらったときも、いろんな人が喜んでくれて祝ってもくれたのだが、今回は、喜んでもらった度合いが、ことのほか大きかった気がするのだ。

で、なぜなのか、考えてみた。確かなことはわからないが、今回格別に祝福してもらえたのは、村上春樹、小川洋子、伊藤比呂美といった『MONKEY』にもしばしば登場している素晴らしいクリエイターの人たちにいままで贈られてきた賞を、翻訳者が受賞したからではないだろうか。

たしかに日本は、翻訳者が厚遇される国である。ほかの言語圏は知らないが、英米の翻訳者のエッセイを読むと、たいていその基調は愚痴である。翻訳者の仕事は過小評価され(underestimated)、感謝されず(underappreciated)、翻訳料も安く(underpaid)……と、なんだか接頭辞under-の用法を学ぶための例文集みたいである。でも日本の翻訳者にエッセイを書かせると、翻訳がいかに楽しいかとか、訳した作品がいかに素晴らしいかとか、もっとずっと上機嫌に書く。翻訳苦労話、みたいなのもあるが、言うまでもなく苦労話は偽装された自慢話にすぎない。

だがいくらその日本でも、このような重要な賞に関して、翻訳者が作家・詩人等々の創造者と同一の土俵に置いてもらえるというのは、そうめったにないのではあるまいか。言ってみればこの祝われ方、甲子園に都立高校が出場したときの盛り上がり方と似ているんじゃないか。

講評では、翻訳以外にも、日本語(本誌)と英語(*Monkey Business*)二冊の文芸誌編集を通して日本文学と海外文学のあいだの風通しをよくしたこと、日本内外の作家の交流を促進したことも評価していただいた。これもすごく嬉しい話である。よい作家同士が紙上で、そして現実に出会うための機会は、この数年、二誌の仲間とそれなりに作り出せたかなと思う。

甲子園に向かう都立高校の選手は、すべての都立高校を代表する気持ちでいたと想像する。同じように僕も、すべての翻訳者と編集者の代表としてこの賞を与えられたのだと考えると、ひどく納得し、また改めて嬉しくなるのである。

illustration by Taniguchi Tomonori

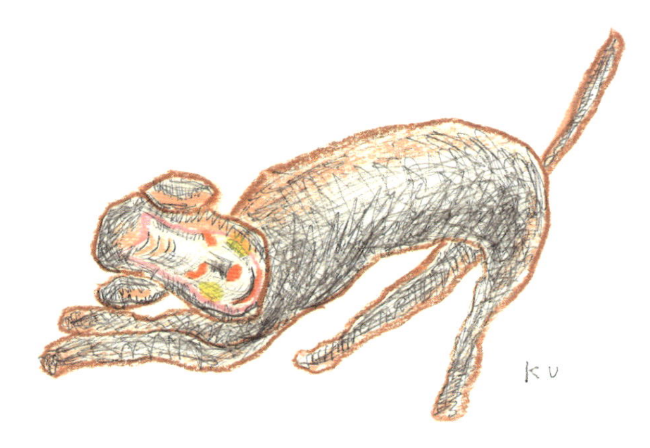

本号の執筆者

ジョン・クラッセン　Jon Klassen
1981年、カナダ生まれ。絵本作家。イラストレーター。邦訳に『どこいったん』『ちがうねん』『くらやみ　こわいよ』などのほか、絵を担当した『木に持ちあげられた家』（文・テッド・クーザー、訳・柴田元幸、スイッチ・パブリッシング刊）がある。

小川洋子　おがわ・ようこ
1962年生まれ。作家。著書に『寡黙な死骸　みだらな弔い』『最果てアーケード』『ことり』『いつも彼らはどこかに』『琥珀のまたたき』ほか多数。最新刊に『口笛の上手な白雪姫』がある。

ウィリアム・ブレイク　William Blake
1757～1827年。イギリスの詩人、版画家、画家。絵と言葉の両方で表現した強烈なビジョンで知られ、「幻視者」の異名をとる。代表作に『天国と地獄の結婚』など。

ブライアン・エヴンソン　Brian Evenson
1966年生まれ。アメリカの作家、フランス文学翻訳家。邦訳に『遁走状態』『ウインドアイ』がある。その他の著作に*The Open Curtain, A Collapse of Horses, The Warren*などがある。

ジェシ・ボール　Jesse Ball
1978年生まれ、アメリカの作家。作品に*Samedi the Deafness, Silence Once Begun, A Cure for Suicide*などがある。2017年、*Granta*のBest of Young American Novelistsの一人に選ばれた。

リリ・カレ　Lilli Carré
1983年生まれ、アメリカのアニメーション作家、漫画家、イラストレーター。実験的アニメーション映画祭The Eyeworks Festivalを主催。http://lillicarre.com/

神慶太　じん・けいた
1981年生まれ。作家、精神科医。「MONKEY」に、「川」「浴室と私たちの『海』」「糸」を掲載。「早稲田文学」「新潮」「すばる」などにも作品を発表している。

カワイハルナ
アーティスト。2017年から作家活動を開始。国内外の雑誌のイラストも手がける。1wallグラフィック17回ファイナリスト。

アダム・サックス　Adam Ehrlich Sachs
アメリカの作家。父と息子の物語ばかり117本を集めた*Inherited Disorders: Stories, Parables & Problems*で2016年にデビュー。ピッツバーグ在住。

松田青子　まつだ・あおこ
1979年生まれ。作家、翻訳家。『スタッキング可能』『おばちゃんたちのいるところ』など。訳書にアメリア・グレイ『AM/PM』など多数。

ヘレン・グリ　Helen Guri
カナダの詩人。作品に、詩集*Match* (Coach House Press, 2011), *Microphone Lessons for Poets* (BookThug, 2015) など。モントリオール在住。

きたむらさとし
1956年生まれ。絵本作家、イラストレーター。著作に『ミリーのすてきなぼうし』『わたしのゆたんぽ』『ポットさん』『アイスクリームの皇帝　Poetry in Pictures』（柴田元幸編訳、きたむらさとしイラスト）など多数。

テッド・グーセン　Ted Goossen
1948年生まれ。カナダの日本文学研究者・翻訳者。英語版*Monkey Business*を柴田、メグ・テイラーと共同編集。主な編書・訳書に*The Oxford Book of Japanese Short Stories*, Haruki Murakami, *Wind / Pinball*。

イッセー尾形　いっせー・おがた
1952年生まれ。俳優。1971年演劇活動を始める。一人芝居の舞台をはじめ映画、ドラマ、ラジオ、ナレーション、CMなど幅広く活動している。

ジェフリー・アングルス　Jeffrey Angles
1971年生まれ、アメリカの詩人、翻訳家、日本文学研究者。2017年、日本語で書いた初の詩集『わたしの日付変更線』（思潮社）で読売文学賞受賞。ウェスタン・ミシガン大学教授。

小林エリカ　こばやし・えりか
1978年生まれ。作家、マンガ家。著書に『マダム・キュリーと朝食を』『彼女は鏡の中を覗きこむ』『光の子ども1,2』など。

東陽片岡　とうよう・かたおか
1958年東京生まれ。漫画家、イラストレーター。94年月刊ガロで漫画業デビュー。著作に『シアワセのレモンサワー』『コモエスタうすらバカ』など。

川上弘美　かわかみ・ひろみ
1958年生まれ。作家。著作に『溺レる』『龍宮』『ハヅキさんのこと』『七夜物語』『なめらかで熱くて甘苦しくて』『水声』『大きな鳥にさらわれないよう』ほか、本誌連載をまとめた『このあたりの人たち』など多数。近刊に、『東京日記5　赤いゾンビ、青いゾンビ。』（平凡社）、『森へ行きましょう』（日本経済新聞社）がある。

古川日出男　ふるかわ・ひでお
1966年生まれ。作家。著作に『サウンドトラック』『聖家族』『ＴＹＯゴシック』『南無ロックンロール二十一部経』『女たち三百人の裏切りの書』『非常出口の音楽』、現代語訳を手掛けた『平家物語』などがある。2月末に作家デビュー20周年記念長篇『ミライミライ』を新潮社より刊行予定。

岸本佐知子　きしもと・さちこ
1960年生まれ。翻訳家。訳書にミランダ・ジュライ『あなたを選んでくれるもの』、リディア・デイヴィス『分解する』など。著作に『ねにもつタイプ』『気になる部分』『なんらかの事情』。編訳書に『楽しい夜』がある。

柴田元幸　しばた・もとゆき
1954年生まれ。翻訳家。著作に『ケンブリッジ・サーカス』など。最近の訳書に、マーク・トウェイン『ハックルベリー・フィンの冒けん』、マット・キッシュ『モービー・ディック・イン・ピクチャーズ』、編訳書に『ブリティッシュ＆アイリッシュ・マスターピース』がある。

次号予告
特集
「1950年代アメリカ短篇小説」
2018年6月15日発売予定

律儀さの美徳　カズオ・イシグロの英語

カズオ・イシグロの英語を読むと、ときどき、岩がごつごつ露出した丘を思い浮かべる。内容がそういう連想を呼ぶのではなく、言葉のたたずまいが、そう思わせるのだ。単なる英語非ネイティブの思い込みなのかもしれないとも思うが、とにかくその思いが長年持続していることは確かである。その思い込みを他人と共有したくて、イシグロについて講演を求められたとき、迷わず「英語についてなら喋ります」と言って引き受けた。

講師＝柴田元幸　写真＝木原千佳

事実上の作家デビュー作、単行本未収録の短篇三本

今日はカズオ・イシグロの作品を引用しながら、彼が実際にどういう英語を書いているのかをひたすら見ていきます。長篇第一作『遠い山なみの光』が刊行されたのは一九八二年ですが、その前年、その後もイシグロ作品を出版しつづけることになるイギリスの大手出版社Faber & Faberが、新人作家三人を紹介したアンソロジーを出版していて、その中にイシグロの短篇が三本載っています。これが事実上、彼の作家デビューだと言っていいと思います。

この三本は、その後単行本に収録されていないので、もしかしたらイシグロさんとしてはこれらを闇に葬りたいのかもしれず（笑）、あまりごちゃごちゃ言わない方がいいのかもしれないのですが、カズオ・イシグロがカズオ・イシグロになる前にはこういうこともやっていたという意味で興味深いと思うので、ここで紹介したいと思います。

三本のうち、まず'A Strange and Sometimes Sadness'は『遠い山なみの光』に直接通じるような作品で、戦後の長崎での生活を女性がふり返るという構造自体もまったく同じです。その書き出しを見てみましょう。

美しいというより律儀という形容がふさわしい文章です。これはこの後のカズオ・イシグロの文章についてほぼ一貫して言えることで、律儀で几帳面な語り口と、過去を回想するという語り手、この基本的な二点がもうここから始まっています。ただ、大事なところがひとつ違う。ここでは「語っている私」と「語られている私」のあいだにそんなに乖離がないんですね。過去の自分が、いまの自分にとって不透明である、謎であるという感覚は希薄です。これを「イシグロらしさ」と簡単に決めつけない方がいいのかもしれませんが、いまの自分と過去の自分の隔たりというのは、まさにこの後のイシグロ作品の核となる観念ではあるので、そういう意味でこの短篇はまだ習作だと言えるかもしれません。

次の‘Waiting for J’は、イシグロがこんなこともやっていたのか!と思わせる面白い作品です。

これは非常に読み手を信用した小説です。この後に語り手とJとの関係が語られていくんですが、肝心なところで具体的なことが語られず、事実がよくわからないまま終わる。まずわかることとしては、Jは語り手の幼なじみで何歳か年上です。二人とも小さな町に住んでいましたが、Jは広い世界を見ようと町を出ていく。それがJは十代半ば、語り手は小学生くらいの時です。Jは語り手に、自分たちが四十歳になったら再会しておたがいを殺そうという提案をします。その提案を語り手がどう受けとめたかは書かれていません。Jは彼に、俺たちは歳が違うから先に四十歳になる俺をお前が殺して終わってしまうという問題を解決しないといけないと言うんですが、これがどう解決されるかも語られません。

ここで時間が飛んで、大人になって大学教師になっている語り手は、倉庫の管理人をしている——おそらくは四十歳になった——Jを訪ねて行きます。そこで語り手はナイフで、何かを切ります。でも何を切るかはわかりません。さらに数年が経ち、今度は引用のとおり語り手に四十歳の誕生日が訪れ、彼の方がJを待っているわけです。でも我々読者にはJが生きているかどうかさえも定かでない。ゴーストストーリーかもしれませんが、それもよくわからないまま話は終わります。語り手の精神状態がどこまで正常なのか見えづらいあたりも、なかなか野心的な作品です。

八一年刊のアンソロジーに収められたもう一つの短篇‘Getting Poisoned’は、子供が語り手で、いまのイシグロの作風からもっと外れています。

冒頭でEddie's big brotherという言葉がくり返されますが、これは子供が書くつたない文章を再現している感じです。実はそのあとに出てくるquite healthyとかobviouslyという言葉などは、勉強が嫌いそうな小学生の言葉という気がいまひとつしないんですが、全体としては、子供のたどたどしい語りからいろんなものが見えてくるという仕掛けの作品です。イシグロはこの後、こういう方法はあまり使わなくなります。第四長篇『充たされざる者』はけっこう前衛的な作品と言っていいんですけど、文章自体はいつもの律儀な文体

カズオ・イシグロ
「奇妙な時おりの悲しみ」
柴田元幸訳（以下すべて同）

私が靖子を生んだのは、私たちがイギリスに移り住んだ翌年のことだった。ホームシックだったのか、よくわからないが、とにかく厄介な妊娠だった。産後も、靖子が生まれてひと月も経たないころ、私はひどく体が弱ってしまい、病院へ舞い戻る羽目になった。慣れないベッドで、娘から遠く離れて、痛みにも悩まされ、はじめのうちは夜もろくに眠れなかった。私は薬を投与されて、眠りと目覚めのあいだをさまよった。夜になると、窓の中をのぞき込むみたいにはっきりと、私のちいさな娘がベッドで、手足をばたばたさせながら泣いている姿が見えた。私は娘のところへ行こうとするのだけど、どうしてもたどり着けず、娘はいつまでも泣きつづけ、あんまり激しく泣くので、具合が悪くなってしまうのではと心配だった。朝になると、夫が枕元に来るので、靖子のことを訊ねた。すると夫は、一晩じゅう泣いていたよと答えるのだった。

Kazuo Ishiguro,
'A Strange and Sometimes Sadness' (1980)
Introduction 7: Stories by New Writers (1981)

It was the year after we came to England that I gave birth to Yasuko. Perhaps it was the homesickness, I do not know, but it was a troublesome pregnancy. Then I was left so weak after the birth that when Yasuko was barely a few months old, I had to return to hospital. There in a strange bed, far from my daughter, troubled by pain, I slept little during the first nights. They gave me drugs and I drifted between sleep and waking. And at nights I would see clearly before me, as if gazing into a window, my baby girl crying in her bed, arms and legs waving. I would try to go to her but would not reach her and she would cry and cry, so hard I feared she would be sick. In the morning my husband would be at my bedside and I would ask about Yasuko. He would tell me she had cried all night.

「Ｊを待って」

廊下の向かい側、小柄なユダヤ人の女の子には夜の訪問者が大勢いる。まず間違いなく娼婦だろう。この数時間、私は何度か、階段をのぼる足音を聞いてタイプの手を止めた。でもそれらはみな、私の部屋の前を過ぎて彼女の部屋の前で止まった。

私の誕生日は三時間ちょっと前に始まった。当初私はじれったさもあらわに、部屋の中を歩き回っては、時おりカーテンのすきまから下の中庭を覗いた。二時少し前、この仕事机の上に、即席の凶器コレクションを並べてみた。彫刻に使う細い鑿（のみ）二本、ドーム型で青銅製の文鎮、木を刻むのに使うよく切れる細いナイフ。何分かのあいだはこれらの道具に見入って、具体的にどう使ったらいいかという問題に没頭していた。やがて、こんな道具群はほとんど役に立たないのだと思い知り、それらを脇へ——いささかぞんざいに——押しやった。私はＪを待っている。自分が怯えていることをここで白状してしまおう。

'Waiting for J'
Introduction 7 (1981)

The little Jewish girl across the corridor has many night visitors. Quite probably she is a prostitute. Several times in the last few hours I have stopped my typing on hearing footsteps ascending the staircase. But they have gone past my door and stopped at hers.

My fortieth birthday commenced just over three hours ago. Initially I displayed a certain impatience, pacing the floor, peering occasionally through the curtains down at the mews below. A little before two o'clock I prepared here upon my desk a collection of improvised weapons: two thin chisels I use for sculpting, a dome-shaped paperweight made of bronze, the thin sharp knife with which I carve wood. For some minutes I contemplated these implements, intrigued by the problem of how precisely to use them. It has since become clear to me that such a gallery of tools would be of little use, and I have pushed them - somewhat untidily - to one side. I am waiting for J. I may as well confess that I am frightened.

で書かれている。そのことを以前イシグロに直接訊いたら、文体の目新しさで勝負するような実験には興味がないと言っていました。'Getting Poisoned' はイシグロがまだ何をしたらいいかよくわからない時期に試したものと言っていいと思いますが、逆にその危なっかしい初々しさが魅力でもあります。

映画や小説を通して知った日本を書く

ここからは皆さんもご存じの作品が並ぶことになります。まず、最初の長篇『遠い山なみの光』の一節、初めて会った子供に主人公の女性が語りかけている場面です。

小さい女の子が敵意を示すので、主人公の女性は落ち着かなげに笑いながら、私はお母さんのお友だちだからと言ってなだめる。二段落目最初のAs far as I rememberが鍵ですね。つまり、もしかしたらほかにも何かあったかもしれないという含み。そうやって、過去が不透明だという感覚が少しずつ積み上げられていく。ここがさっきの 'A Strange and Sometimes Sadness' と違うところです。

『遠い山なみの光』も第二長篇の『浮世の画家』も、日本が舞台です。そのことの特殊性について少しお話しします。カズオ・イシグロは日系イギリス人なので、マイノリティ作家と言えなくもない。そしてたいていの場合、マイノリティ作家は自分の出自について、あるいは自分が生まれ育った土地や共同体について書くことが多い。たとえば、ジュリー・オーツカという日系アメリカ人作家は、多くの作品で第二次大戦中に収容所に入れられた両親の体験について書いています。やっぱりたいていみんな、自分のルーツを書くことから始めるんですね。しかし、イシグロは違う。五歳のときに日本を離れた彼が、大きくなって作り上げた日本像は、子供の頃の淡い記憶ももちろん大事なベースになっているけれど、小津安二郎や成瀬巳喜男の映画、谷崎潤一郎の小説から築いていった部分も大きいと本人は述べていて、実際作品を読んでいても、その発言は腑に落ちます。だから彼の場合、知っていることから書きはじめたというより、映画や小説を通して知った物語の国について想像を膨らますところから始めたとも言える。そこが少し特殊だと思います。

『遠い山なみの光』が出たあと、一九八四年頃にイシグロはBBCから依頼され、テレビドラマの脚本を二本書きました。一本はだいぶあとになって文芸誌*Granta*に掲載され、日本ではMONKEY十号に翻訳を載せました。「ザ・グルメ」という、食道楽の金持ちが幽霊をつかまえて食べる話で、独特のユーモアがある作品です。

もう一本はテレビで放映されただけで、活字にはなっていない、「アーサー・J・メイスンの横顔」('A Profile of Arthur J. Mason') というタイトルのドラマです。これはのちに書く『日の名残り』と同じように、主人に仕える執事が主人公。執事の鑑みたいな几帳面な主人公にとって、週に一度自転車でパブに行って、一杯だけビールを飲むのが唯一プライベートな時間です。そんな人が、若い頃に

「毒がまわる」

'Getting Poisoned'

Introduction 7 (1981)

七月二十八日

きょうエディの兄きをみた。エディの兄きはリンビョウにかかってる。ぼくがそのことを知ってるのは、二週間くらいまえにエディからみんなきいたからだ。エディの兄きは海がんで見た。ボウリング場の外でオートバイによりかかっていた。でも毒で体がどうなったかはわからなかった。ただふつうに日やけして、ぜんぜんケンコウそうにみえた。きっと毒がまわるにはしばらく時かんがかかるんだろう。

うちへかえって、じぶんのペニスをすごくていねいに見てみた。ファックしなくても、なることがあるんだってエディは言ってる。でもぼくはだいじょうぶみたいだ。エディには兄きからうつったりするんだろうか。

July 28th

Today I saw Eddie's big brother. Eddie's big brother's got the clap. I know because Eddie told me all about it a couple of weeks ago. I saw him on the seafront, leaning his motorbike outside the bowling alley. I couldn't see what the poison had done to him though. He just looked sunburnt and quite healthy. Obviously it takes some time for the poison to get working on you.

When I got home, I examined my prick very carefully. Eddie reckons you can get it, even if you don't fuck. But it looks like I'm all right. I wonder if Eddie will get it off his brother.

『遠い山なみの光』

第一部第一章

〔タイトルはすべて既訳に従う〕

A Pale View of Hills (1982)

Part I, Ch. 1

「大丈夫よ、あなたのことをいじめたりしないわ」と私はぎこちなく笑いながら言った。「私はね、あなたのお母さんのお友だちなのよ」

私が覚えている限り、その朝のやりとりはそれだけだった。私としてもそれ以上子供を怖がらせる気はなかったから、まもなく空き地の向こうに戻っていった。たしかに子供の反応に、いくぶん動揺してはいた。あのころはそういう些細なことで、自分は本当に母なんかになれるのかと、いろんな不安をかき立てられたものだった。大したことじゃない、いずれまたあの子と仲よくなる機会はめぐってくる、と自分に言い聞かせた。結局、つぎに万里子と口をきいたのは二週間ばかり経った日の午後だった。

'I'm not going to hurt you,' I said, with a nervous laugh. 'I'm a friend of your mother's.'

As far as I remember, that was all that took place between us that morning. I had no wish to alarm the child further, and before long I turned and made my way back across the waste ground. The child's response had, it is true, upset me somewhat; for in those days, such small things were capable of arousing in me every kind of misgiving about motherhood. I told myself the episode was insignificant, and that in any case, further opportunities to make friends with the little girl were bound to present themselves over the coming days. As it was, I did not speak to Mariko again until one afternoon a fortnight or so later.

『浮世の画家』
昭和二十三年十月

「姉さんがやっと来てくれてほっとしたわ。これで私も少し、父さんの世話から解放されるし」

「紀子ったら……」上の娘は座布団に座ったままもじもじ体を動かした。

「父さんはね、隠居して以来、ずいぶん世話が焼けるようになったのよ」と紀子は悪戯っぽくニヤッと笑いながら言った。「いつも何かやらせておかないと、すぐふさぎ込むんだから」

「あら、そんな……」節子は落着かなげに微笑んでから、ため息をついて庭の方を向いた。「楓の木、すっかりよくなったみたいね。すごく元気そうだわ」

「ねえ父さん、姉さんたぶんわかってないのよ、近ごろ父さんがどんなだか。父さんが暴君で、あたしたちにあれこれ命令してたころしか姉さん覚えてないのよ。父さん、最近はもっとずっと丸くなったわよね、そうでしょ？」

べつに悪気はないのだということを示そうと、私は笑ってみせたが、節子はまだバツが悪そうだった。紀子はまた姉の方を向いて言った。「でもずいぶん世話が焼けるのよ、一日じゅう家にいてふさぎ込んで」

「いい加減なこと言ってるんだよ、いつものとおり」と私は口をはさんだ。「一日じゅうふさぎ込んでて、どうしてこんなふうに何もかも修理できる？」

「そうよね」節子は私の方を向いてにっこり笑った。「家じゅうすっかり綺麗になったわよね。お父さん、さぞ一生懸命お仕事なさったのね」

「厄介なところは全部、人を呼んで手伝ってもらったのよ」紀子は言った。「姉さん、信じてないみたいね。父さんいまじゃ、ずいぶん変わったのよ。もう怖がることないわ。前よりずっと丸くなって、大人しくなったのよ」

「紀子ったら……」

An Artist of the Floating World (1986)
October 1948

'I'm relieved you've come at last, Setsuko. You'll take Father off my hands a little.'

'Noriko, really . . .' Her elder sister shifted uncomfortably on her cushion.

'Father takes a lot of looking after now he's retired,' Noriko went on, with a mischievous grin. 'You've got to keep him occupied or he starts to mope.'

'Really . . .' Setsuko smiled nervously, then turned to the garden with a sigh. 'The maple tree seems to have recovered completely. It's looking splendid.'

'Setsuko probably has no idea of what you're like these days, Father. She only remembers you from when you were a tyrant and ordered us all around. You're much more gentle these days, isn't that so?'

I gave a laugh to show Setsuko this was all in good humour, but my elder daughter continued to look uncomfortable. Noriko turned back to her sister and added: 'But he does take a lot more looking after, moping around the house all day.'

'She's talking nonsense as usual,' I put in. 'If I spend the whole day moping, how did all these repairs get done?'

'Indeed,' Setsuko said, turning to me and smiling. 'The house is looking marvellous now. Father must have worked very hard.'

'He had men in to help with all the difficult parts,' Noriko said. 'You don't seem to believe me, Setsuko. Father's very different now. There's no need to be afraid of him any more. He's much more gentle and domesticated.'

'Noriko, really . . .'

小説を書いていました。出版社に売り込みをしたものの、断られたので押し入れに入れてしまったのですが、なぜかそれが何十年かのちに発見され、出版されてベストセラーになります。その内容は、いまの彼からは考えられないような反社会的で反逆的な、イギリスの階級制度を真っ向から批判した小説なんです。それで彼にインタビューをしようと、ジャーナリストがやってくる。どうしてあの小説を書いたのですか、あの小説で何を伝えようとしたのですか、といろいろ質問するのですが、いまの彼は自分の反逆的なところを全部抹殺して、つまらない主人にひたすら仕えることでアイデンティティを築いているから、そういう質問にまったく答えられない。若い頃に彼にそのような作品を書かせたものは、彼の中にはもうなくなっているんです。同じ初老の執事でも、人間らしい部分が完全に抹殺されてはいない『日の名残り』とのつながりを考えると、なかなか面白い作品だと思います。

日本語で書かれた小説が英訳されたみたいに

次は一九八六年に出た第二長篇『浮世の画家』です。この作品での会話の巧みさが前面に出ている一節を引用します。老画家の小野益次は戦時中に軍に協力していたため、終戦後に周囲から冷たく扱われ、一緒に住んでいる自分の娘も妙に刺々しい。以下は姉の節子と妹の紀子、父親である小野の三人の関係が、語り手の小野が説明することなく自然に示される一節です。

終わりの方で節子が言う ‘Father must have worked hard’ は、‘You must have worked hard, Father’ と父親に直接呼びかける方が普通だと思います。この言い方は、「お父さん、さぞ一生懸命お仕事なさったのね」と（原節子あたりが？）日本語で言ったのを直訳したみたいに読めます。二〇一五年にイシグロさんに会った時に聞いたのですが、日本を舞台にした初期の小説は、日本語で書かれた小説が英訳されたみたいに読めるといいなと思っていたそうです。ここなどはまさに、意図的に翻訳文っぽく書いている気がします。

『浮世の画家』を読んだ当時、日本を舞台にしているし、イシグロという名前だし、彼が五歳でイギリスに移ったことも知らずに読んでいたので、日本の受験英語をちゃんと勉強した人がイギリスに渡って小説を書きはじめたのかと僕は思いました。それくらい文章が折り目正しく、文法もきちんと守っている。日本人が一生懸命英語を勉強して小説を書くとこうなる、というお手本のような人なのかと思いました。それは全然誤解だったわけですが……。

で、この人はこれからも日本のことを書いていくんだろうかと思っていたら、次の『日の名残り』ではイギリス人の、しかも執事というきわめてイギリス人らしい職業に携わっている人を取り上げたのでとても驚きました。しみじみ読ませる作品ですが、静かなユーモアに満ちた作品でもあります。ここで紹介するのは小説の終わりの方で、人生の終わりが見えてきた年配の執事が、アメリカ人の主人に勧められて旅行している場面です。主人の車を借りて出かけた執事は、何しろ車が豪華なので、行った先の村で名士のように扱われる。でも村のインテリ医者だけは、彼が執事だと見抜いています。
威厳とはどういうものだと思うか、と直球で訊かれたものだから、意表をつかれた執事は、一言二言で説明するのは難しいが要するに人前で服を脱がないということに尽きるのではないかと答える。初めてこの一節を読んだとき、この発言には何か深い叡智があるのだろうかと思ったのですが、やっぱりないと思います（笑）。'It's rather a hard thing to explain in a few words, sir' というところ、そもそもexplain（説明する）という言葉の選び方が変ですよね。少なくともインテリの相手に対しては。It's rather a hard thing to discussあるいはtalk aboutならわかるんですけど、explainだと、自分が百パーセント明快な答えを――威厳とは何かというそんなに綺麗な答えがあるはずもない問題についての答えを――持っていることを期待されていると思っているかのような、不自然な言葉の選び方です。で、トンチンカンな答えなものだから、相手がとまどって'What does?' と訊き返す。このように、執事が無理に役割を演じようとするなかで静かに生まれるユーモアが、この小説には何度か出てきます。

律儀な文体で書かれた幻想的な世界

最初にイシグロの特徴として律儀な語り口と言いましたが、次の『充たされざる者』は、文章自体は依然として几帳面で律儀なんですが、書かれている世界の空気はそれまでとかなり違って、ほとんど悪夢のような、現実的というよりはるかに幻想的な世界です。それがいつものイシグロ文体で淡々と語られる。特に最初の数ページは本当に驚きます。あるピアニストが知らない町のホテルに着くと、フロントには誰もいない。そのうちポーターが出てきてスーツケースを運び、エレベータに乗り込む。老いたポーターがスーツケースを床に下ろさず持ったままでいるのを見たピアニストは、下ろした方がいいんじゃないかと言うと、ポーターはなぜスーツケースを降ろさないかの説明を延々とやり出します。で、この説明というのが、ポイントがよくわからない上にものすごく長い。エレベータ、もうとっくに着いてるだろ！と思うわけです（笑）。どうなってるんだ、というとまどいから小説が始まり、その後も、基本的には現実みたいなんだけどなんだかおかしい、という展開が続きます。
以下に引くのは、いろんな人からいろんな頼みごとを持ちかけられて、律儀にいちいち応じているものだからなかなか練習ができず、いつまで経ってもピアノが弾けないピアニストが、やっと練習できるかと思えてくる場面です。そういう風にいつまで経っても何かができないという状況がこの小説には多い。そういう状況や気分を、長さで――量で――積み上げていく小説なんです。
おお、これでやっと、やっと――何しろもう第三部、第二十三章なのです――ピアノが弾けそうになってきましたが……実はまだまだ障害があるのです！　もっと長々引用したいですが、さすがにこ

『日の名残り』

四日目　午後　コーンウォール州リトル・コンプトン

ドクター・カーライルはうなずいたが、どうやら自分の考えに没頭しているようだった。「ねえ、ミスター・スティーヴンズ」と彼は少ししてから言った。「ここに移ってきた当初、私は社会主義に入れ込んでいたんです。すべての人に最良の恩恵を、とかそういうのを全部信じてました。ここへ来たのは四九年です。社会主義が実現すれば、人は威厳をもって暮らせる。移ってきたころはそう信じてたんです。失礼、こんな与太話聞きたかないですよね」。彼は陽気な顔で私の方に向き直った。「で、あんたはどうです？」

「とおっしゃいますと？」

「威厳とはどういうことだと、あんたは思います？」

いきなりずばっと訊かれて、不意をつかれたことは認めざるをえない。「簡単に説明するのは難しいことなのです」と私は言った。「しかし要は、人前で服を脱がないということに尽きるのではないでしょうか」

「失礼、何がです？」

「威厳がです」

「あぁ」。ドクターはうなずいたが、いくぶんとまどっているように見えた。やがて彼は言った。「さあ、この道路は見覚えがあるでしょう。たぶん昼間に見るとだいぶ違って見えるでしょうがね。おお、あれですか。こりゃすごい、実に立派な車だ」

The Remains of the Day (1989)

Day Four - Afternoon: Little Compton, Cornwall

Dr Carlisle nodded, but seemed to have become immersed in his own thoughts. 'You know, Mr Stevens,' he said, eventually, 'when I first came out here, I was a committed socialist. Believed in the best services for all the people and all the rest of it. First came here in 'forty-nine. Socialism would allow people to live with dignity. That's what I believed when I came out here. Sorry, you don't want to hear all this rot.' He turned to me cheerily. 'What about you, old chap?'

'I'm sorry, sir?'

'What do *you* think dignity's all about?'

The directness of this inquiry did, I admit, take me rather by surprise. 'It's rather a hard thing to explain in a few words, sir,' I said. 'But I suspect it comes down to not removing one's clothing in public.'

'Sorry. What does?'

'Dignity, sir.'

'Ah.' The doctor nodded, but looked a little bemused. Then he said: 'Now, this road should be familiar to you. Probably looks rather different in the daylight. Ah, is that it there? My goodness, what a handsome vehicle!'

のくらいにとどめておきましょう。
この『充たされざる者』で一気に、イシグロという人は文体は変わらなくてもどうやらいろんなことをやる作家らしいということが見えてきました。僕はカズオ・イシグロの作品の中で一冊を選べと言われたらこの『充たされざる者』を選びますが、最後まで読めなかったという人もけっこう多いです。思うに、この小説は、適当に読み飛ばすと読める（笑）。さっきも言ったように、量で気分や雰囲気を作っている箇所も多いので、場所によっては斜め読みでもいいかもしれない。一言一句読み漏らすまいと思って律儀に読んで、読みとおせなくなるのはもったいない、そういう小説です。
その次の『わたしたちが孤児だったころ』は、主人公が子供の頃に両親が上海で失踪し、主人公はイギリスで成長して、探偵になって親を探しに上海へ渡るという展開です。小説の半分くらいまではイシグロがリアリズムに戻ったのかと思える書きぶりなんですが、探偵になって上海に向かったあたりからだんだん話がおかしくなってきます。幼なじみのアキラと再会を果たすシーンを見てみましょう。
幼い頃の友と再会して喜んでいる一方、語り手はとまどってもいます。どこか快適な場所でのんびり昔ばなしにふけるつもりだったのが、友は戦場で負傷していて、傷からは嫌な臭いが漂っている。実現した現実が夢想ほど美しくないというのはよくある話ですが、その現実というのがいっそう暗い形で夢想的というか、夢からさらに下にもぐったら悪夢があった、という感じなんですね。『充たされざる者』ほど壮大ではないですが、現実と虚構の関係ということで言うと、『わたしたちが孤児だったころ』もなかなか複雑です。

シンプルで不思議な『わたしを離さないで』

その次の『わたしを離さないで』はとにかく文章のシンプルさが素晴らしい長篇です。
'My name is Kathy H.' という書き出しからして実にシンプルです。じっくりゆっくり物語を語りはじめ、読者もそれについてきてくれるという信頼を感じさせる語りです。でもそのなかにちょっと不思議な言葉が紛れ込みます。Carerという言葉は、caretakerなどと同じ意味ではあるのですが、なんとなく不思議な印象を受けます。さらにMy donorsと出てきて、これはなんだろうとまた不思議に思う。どちらも当たり前のように語られるんですが、わからない。読み進めるなかで、これ何かなと思う事柄が増えていき、読者を宙づりの状態に置いたまま引っぱっていって、最後にすべてが明かされる。静かで気の長い語り口は見事だと思います。

『充たされざる者』
第三部第二十三章

灰色の石の床の、細長い部屋に私は入っていった。壁には天井まで白いタイルが貼られていた。左側に流し台が並んでいる気がしたが、もうこの時点では一刻も早くピアノにたどり着きたかったから、そういう細かいことにはろくに注意を払わなかった。いずれにせよ、私の視線は右側に並ぶ小部屋に惹きつけられた。三つ、蛙を思わせる不快な緑色に塗られた小部屋が横に並んでいる。左右二つの扉は閉まっているけれど、真ん中の、わずかに寸法も大きいように見える小部屋の扉は軽く開いていて、中にピアノが見えて、蓋は開いたままで鍵盤をさらしていた。私はもう余計なことは考えずさっさと中に入ろうとしたが、これがやってみると実に厄介な作業なのだった。ぶらぶら内側に開く扉は、ピアノのせいで完全には開かず、私が中に入って扉を閉めるためには隅っこに体を押しこみ扉の縁をゆっくり引っぱって胸の前を通していかねばならなかった。やがて、何とか扉を閉めて鍵もかけ、それから、何しろ狭いのでこれも相当厄介だったが、ピアノの下から丸椅子を引き出した。けれども、ひとたび腰を下ろすと、まあそれなりに座り心地はよかったし、鍵盤上に指を滑らせてみると、キーは変色しているし本体はすり傷だらけでも、ピアノは柔らかな、繊細な音色であり、調律も完璧だった。それに小部屋の中の音響も、密室っぽいかと思いきや全然そんなことはなかった。

The Unconsoled (1995)
Part III, Ch. 23

I entered a long narrow room with a grey stone floor. The walls were covered to the ceiling with white tiles. I had the impression there was a row of sinks to my left, but I was by this point so anxious to get to the piano I paid little attention to such details. My gaze, in any case, had been immediately drawn to the wooden cubicles on my right. There were three of these, painted an unpleasant frog-green colour, standing side by side. The doors to the two outer cubicles were closed, but the central cubicle - which looked to have slightly broader dimensions - had its door ajar and I could see inside it a piano, the lid left open to display the keys. Without further ado I attempted to make my way inside, only to find this a frustratingly difficult task. The door - which swung inwards into the cubicle - was prevented from opening fully by the piano itself, and in order to get inside and close the door again I was obliged to squeeze myself tightly into a corner and to tug the edge of the door slowly past my chest. Eventually I succeeded in closing and locking the door, then managed - again with some difficulty in the cramped conditions - to pull the stool out from under the piano. Once I had seated myself, however, I felt reasonably comfortable, and when I ran my fingers up and down the keys I discovered that for all its discoloured notes and scratched outer body, the piano possessed a mellow sensitive tone and had been perfectly tuned. The acoustics within the cubicle, moreover, were not nearly as claustrophobic as one might have supposed.

『わたしたちが孤児だったころ』
第六部第二十章

私たちは時おり、あまりに疲れているせいで十歩も進むとまた止まってしまった。けれどそういうときも、絶対に腰はおろすまいと決めて、二人一緒に立ってふらふら揺れ、ぜいぜい喘ぎ、体の重心を移し替えてひとつの痛みに耐え別の痛みを和らげようと努めるのだった。アキラの傷から漂ってくる嫌な臭いはますますひどくなり、周りで絶えずごそごそ動き回る鼠も不気味だったが、この段階ではまだ戦闘の音は聞こえなかった。

私は自分たちの士気を保とうと精一杯努め、息が継げるたびに何か気楽な文句を口にした。だが実のところ、この再会に関し私は複雑な心持ちでいた。運命が私たちを、大いなる企てにどうにか間に合うよう引き合わせてくれたことは、むろんものすごく有難い。だが同時に、私たちの再会が、ずっと前から考えていた再会が、こんなおぞましい状況で起きていることを悲しく思う気持ちもあった。いつも思い描いてきた場面とは大違いなのだ——二人でゆったり、どこかの快適なホテルのラウンジか、あるいはアキラの家の静かな庭を見下ろすベランダでくつろぎ、何時間もお喋りと回想に興じる、そんな情景を私は思い描いてきたのだ。

When We Were Orphans (2000)
Part VI, Ch. 20

Sometimes we were so exhausted we could go no more than a dozen steps without stopping again. But we resolved on these occasions not to sit down, and would stand swaying together, gasping for breath, re-adjusting our weights in an attempt to relieve one pain at the expense of another. The rancid smell from his wound grew worse, and the constant scuffling of the rats around us was unnerving, but we did not, at this stage, hear any sounds of fighting.

I did what I could to keep our spirits up, making light-hearted remarks whenever I had the breath. In truth, though, my feelings concerning this reunion were, during those moments, of a complex hue. There was no doubting my huge gratitude at fate's bringing us together just in time for our great undertaking. But at the same time, a part of me was saddened that our reunion - which I had thought about for so long - should be taking place in such grim circumstances. It was certainly a long way from the scenes I had always conjured up - of the two of us sitting in some comfortable hotel lounge, or perhaps on the veranda of Akira's house, overlooking a quiet garden, talking and reminiscing for hours on end.

『わたしを離さないで』
第一部第一章

私の名前はキャシー・H。三十一歳で、ケアラーをもう十一年以上やっている。それだけやれば十分に聞こえるだろうが、あと八か月、年の終わりまでやってくれと言われている。そうするとほぼ十二年きっかりになる。もちろん、そんなに長くケアラーをやっているのは、ものすごく有能だと思われているからだとは限らない。本当に優秀なのに、二年か三年で辞めろと言われる者もいる。逆に、まるっきり空間の無駄という感じでありながら十四年休まず続けたケアラーも一人は思いつく。だから自慢をする気はない。とはいえ、私の仕事ぶりに向こうが満足していることは事実として知っているし、私自身もおおむね満足している。私の担当するドナーは、だいたいいつも予想より実績がいいのだ。快復時間も驚くほど短いし、四度目のドネーションに至る前でも「動揺」というレッテルを貼られた者はほとんどいない。やれやれ、やっぱり自慢してしまった。でもこれは私にとって大きな意味があるのだ——仕事がきちんとできること、特にドナーたちが「冷静」でいられること。ドナーたちに接する上で、ある種の勘を私は身につけている。とどまって慰めてやるべき時、放っておいてやるべき時、何もかも聴いてやるべき時、肩をすくめて「さあ、しっかりしないと」と言うべき時を私は心得ているのだ。

Never Let Me Go (2005)
Part I, Ch. 1

My name is Kathy H. I'm thirty-one years old, and I've been a carer now for over eleven years. That sounds long enough, I know, but actually they want me to go on for another eight months, until the end of this year. That'll make it almost exactly twelve years. Now I know my being a carer so long isn't necessarily because they think I'm fantastic at what I do. There are some really good carers who've been told to stop after just two or three years. And I can think of one carer at least who went on for all of fourteen years despite being a complete waste of space. So I'm not trying to boast. But then I do know for a fact they've been pleased with my work, and by and large, I have too. My donors have always tended to do much better than expected. Their recovery times have been impressive, and hardly any of them have been classified as 'agitated', even before fourth donation. Okay, maybe I *am* boasting now. But it means a lot to me, being able to do my work well, especially that bit about my donors staying 'calm'. I've developed a kind of instinct around donors. I know when to hang around and comfort them, when to leave them to themselves; when to listen to everything they have to say, and when just to shrug and tell them to snap out of it.

欠如感が漂う『忘れられた巨人』

二〇一五年に出た最新刊『忘れられた巨人』は六世紀のイギリスが舞台です。竜が出てきたりもするので、批評家からはファンタジーのようだと言われ、ファンタジーでありませんとイシグロが言ったら、ファンタジーをバカにしているのかとファンタジー作家から抗議が来たそうですが、この作品のポイントはファンタジーかどうかではないだろうと思います。それまでは一人の個人が自分の記憶をふり返るという話が主だったのが、ここでは共同体全体の記憶――あるいはその喪失――の話になっているというのが大きな違いなんです。今日、共同体の記憶が歪められたり忘れられたりすることが多くなっているように思えるので、遠い昔の話でありながらテーマは現代的とも思え、つい現代に引きつけて読みたくなる一冊です。

'Now we're talking about her there's even more comes back to me' のcomes backの前、正統的な英語であれば関係代名詞thatが入ります。この小説では往々にして関係代名詞が省かれます。これは非標準的な英語としてはよくあるパターンですが、この小説の場合、記憶が失われたことによって世界から何かが欠けているような感覚が、この関係代名詞の欠如によって遠回しに表現されている――というのはほとんどこじつけなんですが（笑）、文章全体から欠如感がそこはかとなく漂ってくる、ということは確かだと思います。一度は奥さんに全面的なダメだしを喰らったりして、この文章にたどり着くまでには相当苦労したと本人は述べていますが、その甲斐あって、シンプルな言葉からごく自然に空気が立ちのぼる文章に結実していると思います。

カズオ・イシグロの長篇はどれもFaber & Faberのペーパーバックが比較的安価に入手できます。ご覧になったとおり英語もわりと易しいですから、興味を惹かれた作品があったらぜひ通読してみてください。

*本稿は二〇一七年十一月二十六日、津田塾大学千駄ヶ谷キャンパス 広瀬記念ホールで行なった講演「カズオ・イシグロの英語」に加筆修正を施したものである。講演を依頼してくださった津田塾大学英文学科の早川敦子さんに感謝する。

邦訳リスト

『遠い山なみの光』小野寺健訳、ハヤカワepi文庫
『浮世の画家』飛田茂雄訳、ハヤカワepi文庫
「ザ・グルメ」柴田元幸訳、MONKEY10号
『日の名残り』土屋政雄訳、ハヤカワepi文庫
『充たされざる者』古賀林幸訳、ハヤカワepi文庫
『わたしたちが孤児だったころ』入江真佐子訳、ハヤカワepi文庫
『わたしを離さないで』土屋政雄訳、ハヤカワepi文庫
『忘れられた巨人』土屋政雄訳、ハヤカワepi文庫

『忘れられた巨人』
第一部第一章

「わたしもそんな女のひと、おぼえてないわ」ある晩彼がその話題を持ちだすとビアトリスはそう言ったのだった。「きっとあんた、なにかじぶんの欲求があってそのひとを夢でつくったのよ、となりにはちゃんと妻が、それもあんたより背筋がまっすぐな妻がいるっていうのにね」

これがこのあいだの秋のことで、ふたりはそのとき、まっ暗闇のなか寝床にならんで横たわり、ねぐらに打ちつける雨の音を聴いていたのだった。

「もちろんきみは長年ほとんど老けていないよ、プリンセス」とアクスルは言ったのだった。「でもあのひとは夢なんかじゃなかったよ、きみだってちょっと考えてみればきっと思いだすはずさ。ほんのひと月前、そこの入口にいたんだよ、やさしいひとで、なにか持ってきてあげられるものはありませんかって訊いてくれたんだ。おぼえてるだろう、きみも」

「だけどどうしてそのひと、わたしたちになにか持ってきてくれようなんて思ったの？　わたしたちの親戚なの？」

「そうじゃないと思うよ、プリンセス。ただたんに、やさしくしてくれたのさ。おぼえてるだろう、きみも。よく入口に来て、さむくないか、お腹はすいていないか、って訊いてくれたんだよ」

「わたしが訊いてるのはね、アクスル、いったいぜんたいなんのために、わたしたちをえらんで親切にしてくれたのかってことよ」

「そのときにはわしもかんがえたよ、プリンセス。このひとは病人を世話したりするひとで、わしらは村のだれにも負けないくらい元気なのにって。疫病が来るっていううわさでもあって、様子を見にきてくれたのかなとも思ったけど、でも疫病なんかなかったし、ただやさしくしてくれたのさ。うん、こうやって話してると、もっと思いだしてきたぞ。あそこに立ってね、子どもたちにからかわれても気にしちゃいけませんよって言ってくれたんだ。そうだった。それっきり、二度と見なかった」

The Buried Giant (2015)
Part I, Ch. 1

'Neither have I any memory of such a woman,' Beatrice had said to him when he had brought up the matter with her one night. 'Perhaps you dreamt her up for your own needs, Axl, even though you've a wife here beside you and with a back straighter than yours.'

This had been some time the previous autumn, and they had been lying side by side on their bed in the pitch black, listening to the rain beating against their shelter.

'It's true you've hardly aged at all down the years, princess,' Axl had said. 'But the woman was no dream, and you'd remember her yourself if you spared a moment to think about it. There she was at our door only a month ago, a kindly soul asking if there was anything she might bring us. Surely you remember.'

'But why was she wishing to bring us anything at all? Was she a kin to us?'

'I don't believe she was, princess. She was just being kind. Surely you remember. She was often at the door asking if we weren't cold or hungry.'

'What I'm asking, Axl, is what business was it of hers to single us out for her kindness?'

'I wondered myself at the time, princess. I remember thinking here's a woman given to tending the sick, and yet here's the two of us both as healthy as any in the village. Is there perhaps talk of a plague on the way and she's here to look us over? But it turns out there's no plague and she's just being kind. Now we're talking about her there's even more comes back to me. She was standing there telling us not to mind the children calling us names. That was it. Then we never saw her again.'

Artwork by PMGL